日本の生協運動の歩み

斎藤嘉璋　監修

日本生活協同組合連合会

【表紙・裏表紙の写真】

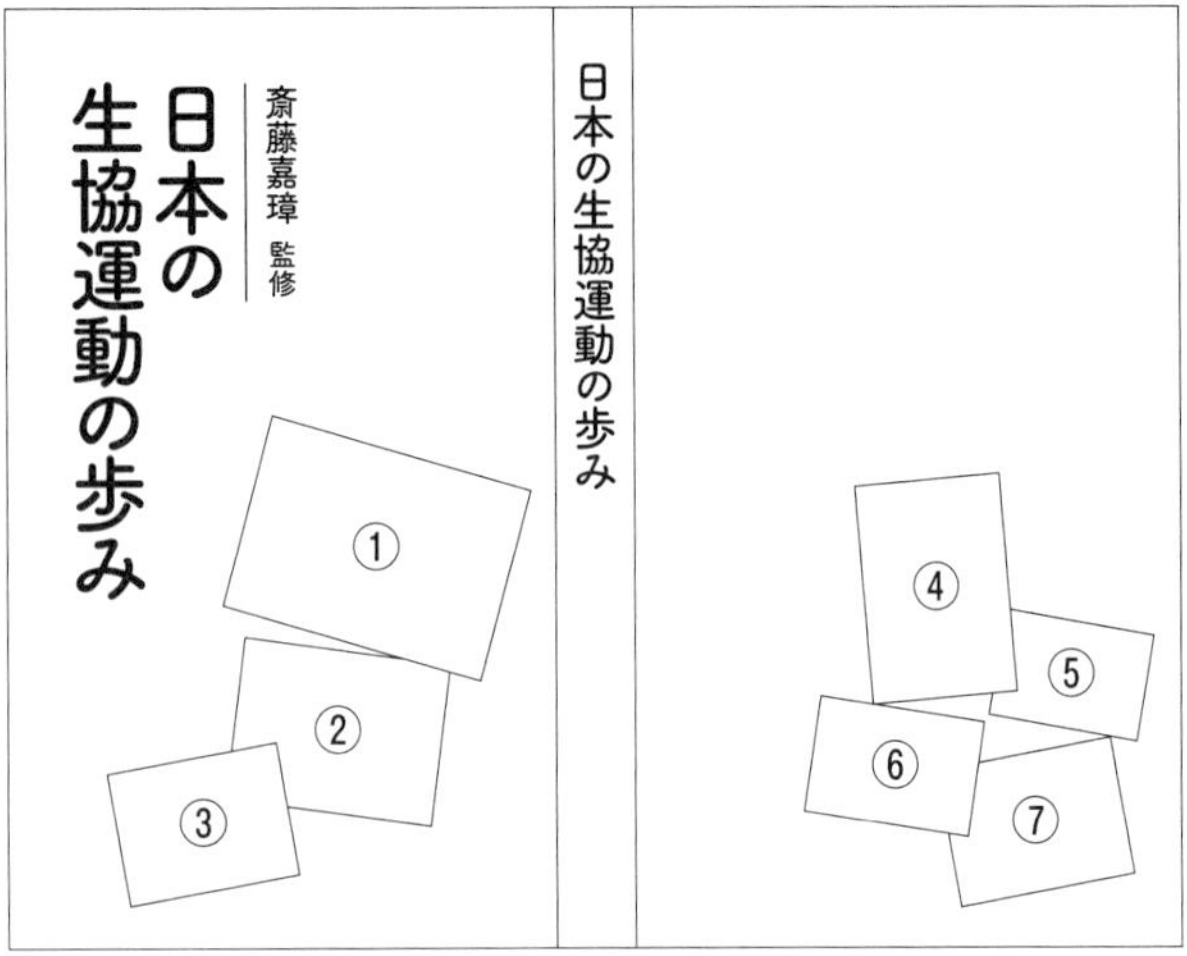

①生協法の施行を知らせる厚生省のポスター ⇒ 第1章

②漁協との交流会での魚料理教室（えひめ生協）⇒ 第5章

③被爆60年ピースコンサート ⇒ 第7章

④『全国生協ニュース』（1961年11月15日付No.15）⇒ 第3章

⑤共同購入班での荷降ろし、荷分け風景（名古屋勤労市民生協）⇒ 第4章

⑥ＩＣＡ東京大会の開会式（©石河行康）⇒ 第6章

⑦東日本大震災の被災地で商品を配達するいわて生協のトラック ⇒ 第8章

はじめに

２０１９年12月に初めて検出された新型コロナウイルス感染症（以下、コロナ）が世界中に広がり、人々の健康とくらし、公衆衛生と経済や雇用などさまざまな面で困難な状況をもたらしています。

そのような状況下で、外出自粛や学校の休校、在宅勤務の増加に伴い、新規加入や宅配利用の希望者が急増するなど、地域生協の購買事業への期待が高まりました。宅配の受注量が物流のキャパシティを超えたことによる欠品や遅配、数量制限や抽選などの対応をせざるを得ない事態も発生しましたが、全国の生協の役職員は感染防止に細心の注意を払いながら組合員の生活を支えるために日々奮闘してきました。

一方で、多くの大学がオンラインでの授業に切り替えたことで、キャンパスに学生が来なくなってしまった大学生協は厳しい局面に立たされ、また、コロナ拡大の中で医療福祉生協や生協の介護・福祉事業は感染拡大のリスクを含め、大変厳しい環境の中で事業を行っています。

コロナの影響もあり、全国の生協の組合員数は21年度で３０００万世帯を超えようとしており、総事業高は3兆５０００億円の規模になりました。また、各地の地域生協では地方自治体との間で地域見守り協定や包括連携協定を締結、他の協同組合や社会福祉協議会、NPOなどの団体と協力し、災害時の対応や地域の課題解決に貢献するなど、活動が広がりを見せています。

このように地域社会の中で一定の役割を果たし、また、期待されるようになった生協ですが、そこに至る道のりは決して平坦なものではなかったということが、本書をお読みになってお分かりいただけるのではないかと思います。戦前の生協の黎明期から第二次世界大戦による中断を経て、戦後の復活、1970年代から80年代の〝市民生協〟の成長とそれに対する生協規制の動き、そして平和の活動や環境問題への対応など、社会・経済の動きとそれに関わる諸問題に対して生協は組合員と共に事業と活動を通じて取り組んできました。

その生協の歴史を、日本生協連は2001年の創立50周年記念事業として編纂し、『現代日本生協運動史（上下巻）』と同『資料集』を発刊、そして、同『運動史』を基に、読みやすい簡便なものとして、03年に新書版『現代日本生協運動小史』を発刊しました。本書は、日本生協連創立70周年を記念し、その『小史』に、21世紀に入ってからの20年分を追加した改訂版として発行するものです。ただし、より親しみやすくするため、表題を『日本の生協運動の歩み』とし、文章も「です・ます調」にしました。再編集にあたっては、日本生協連の中に編集委員会を設け、『小史』の著者である斎藤嘉璋・元日本生協連常務理事の監修の下、約1年にわたり作業を進めてきました。

20年は、コロナの問題が収束せず、現時点においても歴史的な評価をする段階にはないため、本書では基本的に19年までの記述にとどめ、コロナ禍に関わる取り組みは対象としませんでした。

21世紀に入ってから生協に加入された組合員や就職された職員の皆さんは、現在の姿が当たり前の姿に映っているかもしれませんが、そこに至る歴史や教訓を学ぶことで、大きく変化する社会の中で、今後生協が果たすべき役割について考えるヒントになるのではないかと思います。

生協運動のさらなる発展のために、本書が生協の役職員をはじめ、生協運動に関心を持たれる多くの人に読まれ、何らかのお役立ちができれば幸いです。

2021年9月

日本生活協同組合連合会
代表理事統括専務　嶋田　裕之

目次

凡　例

1、本書は『現代日本生協運動史』を原典としており、出典などは基本的に同書あるいは同『資料集』であり、個々の出典の記載は省略している。01年以降は、日本生協連の各年度の総会資料などを参照した。
1、年号は西暦とし、必要な場合（明治）、（大正）、（昭和）、（平成）を付記した。
1、人名は敬称を省略した。団体名は、原則として2回目以降は略称とした。
1、数字は算用数字での表記を基本としている。

序章　戦前の生協運動

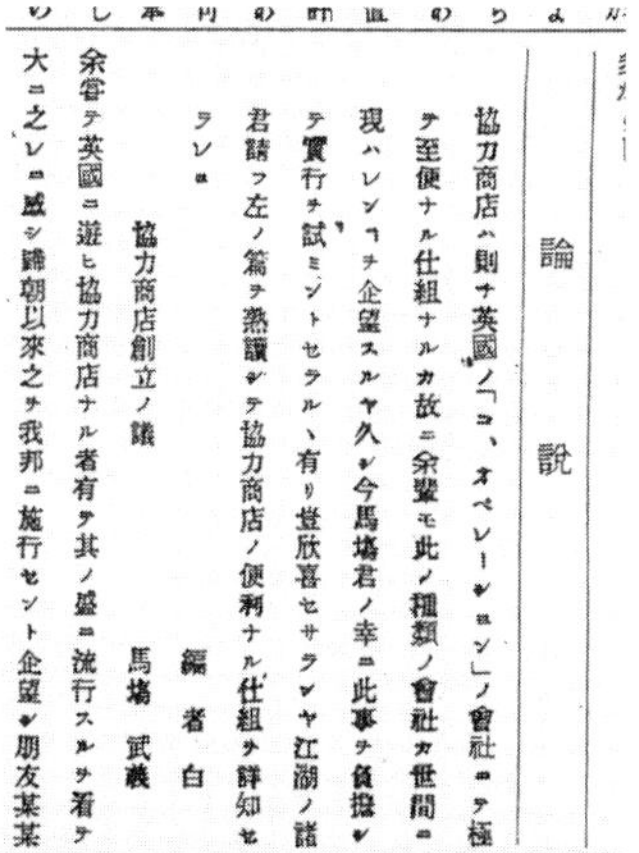

論説

協力商店ハ則チ英國ノ「コ、オペレーシヨン」ノ會社ニテ極テ至便ナル仕組ナルカ故ニ余輩モ此ノ種類ノ會社カ世間ニ現ハレンヿヲ企望スルヤ久シ今馬場君ノ幸ニ此事ヲ負擔シテ實行ヲ試ミントセラル丶有リ豈欣喜セサランヤ江湖ノ諸君請フ左ノ篇ヲ熟讀シテ協力商店ノ便利ナル仕組ヲ詳知セラレヨ

編者白

協力商店創立ノ議　馬場武義

余嘗テ英國ニ遊ヒ協力商店ナル者有テ其ノ盛ニ流行スルヲ看テ大ニ之レニ感シ歸朝以來之ヲ我邦ニ施行セント企望シ朋友某某

『郵便報知新聞』に掲載された馬場武義の論説の一部＝1878年7月、東京大学所蔵資料から

1. 生協の誕生と運動の広がり

初めての生協の誕生

世界で最初に成功を収めた協同組合は1844年、イギリスのマンチェスター近くのロッチデールで、紡績工場に働く人たちを中心にして設立されたロッチデール公正開拓者組合（「ロッチデール公正先駆者組合」という訳語もあります。以下、ロッチデール組合）であるといわれています。このロッチデール組合は、産業革命が進む中での労働者の低い賃金・悲惨な生活と横暴な商人のやり方からくらしを守ろうとする織物工たちの助け合いの組織として誕生しました。

日本で、このロッチデール組合に学んだ現在の生協にあたる組織が生まれたのは1879（明治12）年のことでした。東京に共立商社と同益社が、大阪に大阪共立商店が設立され、翌年、神戸商議社共立商店が設立されました。

この時期は西南戦争が終わり、明治政府がやっと国内の政治的統一を果たしたころにあたります。経済面では「殖産興業」政策の下、政府が欧米諸国の制度や技術を導入し、上からの産業革命を促進しつつありました。日本の経済は、企業・株式会社づくりが始まったばかりの資本主義の入り口の段階にあり、商品の生産や流通なども前近代的でした。まだ「協同組合」という言葉もなく、ロッチデール組合を紹介した当時の新聞に寄稿された論説は、生協のことを「協力商店」という言葉で紹介しています（本章扉参照）。

ロッチデール組合は、産業革命が進み資本主義経済が確立する中で、労働者が自分たちのくらしを守るために設立したものでしたが、当時の日本は産業革命以前であり、労働者階級といった社会階層も構成されていませんでした。共立商社などの設立の背景には、当時の物価高騰と庶民の生活防衛の願いがあり、米や薪炭などの生活必需品を取り扱いましたが、その中心になったのは知識層、富裕層でした。協同組合の思想とあり方を啓発する役割を果たしたとはいえますが、いずれも最大時でも６００人～８００人程度の加入にとどまり、数年で活動を停止、消滅しています。ロッチデール組合と異なり、社会の上層部からの運動としての限界があったといえます。

日清戦争（94年～95年）の終結後、日本経済の近代化と産業資本の確立が進みました。それは一方で、各地で労働争議を発生させ、労働運動が広がる契機ともなっていきます。こうした中で、98年以降、今度はロッチデール組合のように労働者を主体とした「共働店」という名称の組合が、各地に設立されていきました。共働店は、労働運動の先駆的役割を果たした鉄工組合（片山潜などの指導で鉄道、造船、兵器などの機械工が結成）を基礎とするもので、東京、横浜、仙台、札幌などに15組織ほどが設立され、日本の生協運動にとっても先駆的な意味を持つものでした。

産業組合法の制定

このころ、経済の近代化・産業資本の急速な形成の中で、農村では農民層の分解と増税や高利貸しの収奪による貧困化、都市では中小自営業者の経営難が社会問題化しました。明治政府はそうした状況への対応として協同組合の仕組みをヨーロッパから移入しようと考え、ドイツの信用組合に学んで1900年、産業組合法を制定しました。

産業組合法の狙いは、農業の振興と健全な農村経済の発展のための協同組合＝現在の農協（JA）づくりにありました。また、国家の関与が強く、国家の政策遂行のための組織としての要素が強かったといえます。しかし、共働店の設立などの影響もあり、同法は都市部での協同組合も包含し、現在の生協にあたる組織を「市街地購買組合」と位置付けました。産業組合法のこのような特性と国の農村部重視の政策は、日本の協同組合、特に生協のその後の社会的位置付けに大きく影響するものでした。

政府は産業組合法が制定された年に治安警察法も制定し、鉄工組合など労働組合を弾圧、解散させたため、共働店も解散しました。一方で、官吏など俸給生活者の組合が各地につくられたほか、工場や鉱山などで福利厚生施設として職域での組合づくりが進みました。また、この時期には、同志社や慶應義塾など大学や学校での組合づくりも進み、それらのうちのいくつかは戦後も活動を継続しています。

産業組合法に基づいてつくられた組合は、同法に則《のっと》って「購買組合」を呼称していました。しかし、安部磯雄など社会運動のリーダーたちが「消費組合運動」を提唱したこともあり、「消費組合」の呼称が広がっていきます。大正後期から昭和初期にかけて、現在の生協につながる市民型の消費組合が設立され、職域や大学、学校の組合と併せ、社会的に注目を集めるような発展を見せていきました。

「新興消費組合」の誕生

第一次世界大戦（１９１４年～18年）は日本に好況をもたらしましたが、それによる産業の近代化は同時に格差の拡大を伴うものでした。ロシア革命の影響や大正デモクラシーと呼ばれ

灘購買組合の本部＝『産業組合（第323号）』1932（昭7）年9月号から

神戸消費組合の本部と従業員＝『灘神戸生協五十年の歩み』から

る社会情勢の下、労働運動をはじめ社会運動が高揚します。12年に設立された友愛会は労働者の団体として労働者の地位向上のために活動を続けました。18年に米価の暴騰に対し民衆が蜂起した米騒動も、人々の苦しい生活を背景にしたものでした。

そうした中、全国の主要都市に、労働者を中心とする労働者生協と市民層を地域で組織する市民型生協が広がっていきました。それらは企業や官庁、労働組合などの組織から自立した自主的組織としてこれまでにない発展を見せ、「新興消費組合」といわれました。こうした組合の活動も、この時期の社会運動の広がりの中に位置付けることができます。

労働者生協としては、共に20年に設立された、東京の共働社、大阪の共益社などが挙げられます。市民型生協としては、19年に東京で家庭購買組合が、21年には、後に合併して現在のコープこうべとなる神戸購買組合（24年、神戸消費組合に改称）および灘購買組合が設立されています。

家庭購買組合は、クリスチャンで大正デモクラシーの旗手の一人である吉野作造が、神戸消費組合と灘購買組合は同じくクリスチャンで友愛会など労働運動にも関わっていた賀川豊彦が指導にあたり、社会的な注目を浴びました。

これらの組合の設立の背景には、第一次世界大戦後の物価の高騰といった経済情勢がありました。神戸では、物価高騰の中で小売業者が暴利をむさぼることに抗議して「奸商《かんしょう》征伐期成同盟会」が結成され、その中で造船所労働者を中心に気運が高まり、神戸消費組合の設立につながりました。

灘購買組合の場合、労働者層が主体ではありませんでしたが、物価騰貴への怒りが組合設立の背景にあり、両組合とも賀川豊彦の「愛と協同」の精神と指導に沿った活動を展開していきます。

これらの組合に続き、大正末期から昭和初期には労働者生協が東京を中心にした関東、および大阪や神戸などで相次いで設立されました。また、関東大震災の被災者救援のために上京した賀川豊彦などによって、東京に江東消費組合（27年）が設立されたほか、京都家庭消費組合（29年）、少し遅れて福島消費組合（32年、現みやぎ生協・コープふくしま）などの市民型生協も全国的に設立されました。

市民型生協の27年の全国状況は106組合、組合員7万5000人、購買事業高1100万円でした。

大学では賀川豊彦や安部磯雄の肝いりで、26年、東京学生消費組合（東京学消）が設立されました。早稲田支部から始まり、拓殖、東京、立教、明治、明治学院、法政の各大学に支部を広げました。拓殖大学と立教大学は大学の公認で支部と売店が発足しましたが、多くは非公認で校外売店での営業でした。31年には組合員が5000人を超え、供給高は6万7000円でした。

小中学校でも大正期に岡山、山口、愛媛、静岡で、昭和に入り、福岡、秋田で購買組合がつくられました。ただ、現在と違い児童生徒を事業対象とする組合が多く、その組合員は保護者と教職員でした。そのため、全県一円を対象とする福岡中等学校購買組合などは、組合員4万5000人を超える大組合でした。

また、医療事業を行う組合も19年、無医村の島根県青原村に初めて設立され、農村部で広がりました。都市部では29年の八王子相互診療組合に続き、東京医療利用組合が組合長・新渡戸稲造（教育者、元国際連盟事務次長）、専務理事・賀川豊彦の下で31年に設立されました。共にその設立には、日本医師会が「組合員が経営の主体となり――患者自身が当然監督者たらんとする」ものであり、医師の立場を否定するものだとして強く反対し、その設立認可は手間取りました。

職域では、熊本の日本窒素肥料㈱消費組合（20年、翌年に水光社。現生協くまもと）など現代の生協につながる組合が設立されています。昭和初期には日本一の事業規模といわれた三池共愛組合（福岡県、組合員2万3000人、供給高372万円）など多くの工場、鉱山で組合が設立されました。

産業組合法では、生協法のように地域・職域の区別をしなかったこともあり、学校や大学の組合の組織形態は戦後と異なりますが、この時期に地域、職域、学校、大学、医療などほとんどの分野で現在の生協につながる組織が出そろいました。

2. 戦前・戦中の生協運動

関消連と労働者生協

1929（昭和4）年、ニューヨーク市場で起こった株の大暴落とそれに伴う世界恐慌は、日本経済にも深刻な打撃を与えました。さらに、東北地方の凶作・飢餓、満州事変の勃発（31年）と、暗いニュースが続きました。各地で労働争議や小作争議も頻発しました。満州事変は日中戦争、太平洋戦争、第二次世界大戦と続く「15年戦争」の始まりであり、新たな発展を見せはじめた生協運動にとって苦難の時代の始まりでした。

関消連CO-OPクミアイサイダーのラベル＝橋浦泰雄氏所蔵分（宮澤總子氏提供）

東京の共働社を中心とする労働者生協は、22年に消費組合連盟を結成しますが、26年にはその加盟組合は26組合となり、関東消費組合連盟（関消連）と改称しました。関消連は共同印刷争議や野田醤油争議などで労働争議を支援し、組合員家庭に物資を供給しました。徳永直の小説『太陽のない街』は、共同印刷争議を題材としたものですが、その中でも関消連による争議支援の様子が描かれています。

関消連は生協の全国的な連合組織がない中で、27年には協同組合の国際組織である国際協同組合同盟（ＩＣＡ、１８９５年設立）の提唱する「国際協同組合デー」（世界の協同組合が協同組合運動の発展を祝い、前進を誓い合う日）に、「国

関消連が提起した国際消費組合デーを祝う東京共働社＝1927（昭2）年。日本生協連資料室資料から

際消費組合デー」として取り組みました。また、サイダーやせっけんなどを関消連の独自商品として開発、はじめてCO-OPマークを付けました。さらに仙台の農民組合と白菜を直接取引するなど、現在の「産直」の先駆けとなるような事業も行っています。

1932年、満州事変後の物価高騰や米の凶作などの中で、関消連（同年、日本無産者消費組合連盟「日消連」と改称）は、東京で政府所有米の払い下げを求める「米よこせ」運動を組織し、その成功によって全国各地でも傘下組合による米よこせ運動が展開されました。

こうした活動の一方で、労働者生協への抑圧や活動への弾圧も強まっていきました。関東大震災（23年）の際には、共働社の創設者であった平澤計七が警察に虐殺されるという事件（亀戸事件）が起こっています。その後も幹部の検束や活動拠点への警察の家宅捜索などが日常的に行われるなど、労働者生協の活動は非常な困難を伴うものでした。

家庭会や班づくり

戦前の日本では女性の社会的地位は低く、家庭生活でも戸主（男性）中心でした。そのような中で、神戸消費組合では1924年、イギリスの生協の婦人ギルドに学び、台所を預かる女性たちが参加する家庭会が創立されました。家庭会では物価、商品の品質などの調査、栄養、衛生、家事に関わる研究、講習などに取り組みましたが、その組織づくりと活動は灘購買組合、大阪・共益社などから関西の各組合に広がりました。

関東では東京の家庭購買組合で婦人会が結成されたほか、西郊共働社（後の城西消費組合）で27年、家庭会（会長・与謝野晶子、歌人）が結成され、江東消費組合など各組合に広がりました。関消連では奥むめお（戦後、主婦連合会を創設、日本生協連副会長）などが中心になり、関消連婦人部が結成されました。

関西では兵庫県を中心に、5府県からの参加で関西消費組合連合家庭会が結成され、36年には東京の家庭購買組合婦人会が主導し、関消連婦人部と関西連合家庭会が共同して日本消費組合婦人協議会を結成しました。しかし、後述するように戦前の消費組合の全国的な連帯は弱く、この組織も統一的な活動を展開するには至りませんでした。

また、家庭会とは別に、城西消費組合では29年「組合員が集まって親睦を図り組合の相談をする会合で、組合活動の基礎となるもの」として、「班会」が組織されました。班組織づくりの試みは関東だけでなく、京都消費組合など日消連傘下の各組合に広がりましたが、その経験が戦後、鶴岡生協（現生協共立社）などで再生することになります（第2章）。

戦前の連合会活動

東京で消費組合連盟が結成された1922年、関西では灘購買組合の主導で兵庫、京都の市民型生協と大阪の共益社、共働社など13組合で関西消費組合協会が設立されました。この協会は、行政に対し低利融資を要求したり、共同仕入れ活動を試みたりしましたが、見るべき成果が上がらず短期間で活動を停止しました。

また、戦前の消費組合は法的には産業組合の一部であり、全国組織としては産業組合中央会（10年創立）が大きな力を持っていましたが、現在の農協中心の組織であって市街地購買組合と位置付けられた消費組合との関係は強くありませんでした。しかし、大正末期から物価調整

家庭購買組合の大曲第11支部店舗（左）、日比谷野外音楽堂で開かれた「組合員団欒の夕（ゆうべ）」（右）＝1937年発行の家庭購買組合『ホームユニオン』から

策推進の必要性から政府が消費組合への関心を強めたため、中央会も姿勢を転換し、31年に全国消費組合協会（全消協）が設立されました。委員に各組合の中心的な人物が入るなど、初めての統一的な全国組織でしたが、35年時点でも会員となったのは全国で53組合にとどまり、有効な活動を展開できませんでした。

市民型生協の発展

昭和初期から、東京の家庭購買組合、江東消費組合、関西の神戸消費組合、灘購買組合などの市民型生協は、これまでにない発展を見せました。１９３３年で見ると、家庭購買組合は組合員６８３０人・供給高１００万円、神戸消費組合は２７００人・28万円、灘購買組合４３００人・75万円でしたが、その後も日中戦争の影響で経済統制が強化されるまでは組合員数、事業とも拡大を続けていきます。

家庭購買組合は、当時としては近代的な組合ストアをチェーン展開し、大正末から毎年行われていた「組合員団欒の夕（ゆうべ）」では日比谷野外音楽堂（東京都千代田区）を埋め尽くすなど、社会的注目を集める存在となりました。多くの組合員が購読していた月刊誌『ホーム・ユニオン』も質の高いものでした。戦時体制強化の下で都内の他の組合との合併を進めたこともあり、41年には組合員2万1700人、供給高660万円と、戦前の市民型生協では最大の規模となりました。江東消費組合も栄養食配給事業で規模を拡大し、38年には年供給高300万円の規模となりました。

灘購買組合は醤油醸造所の建設やセミセルフの組合ストアを開設し、42年には組合員が1万人、供給高も200万円を超えました。神戸消費組合も精米所や組合員ホール併設店舗を開設するなど着実に発展し、41年のピーク時には組合員9460人、供給高120万円となりました。家庭会による家計活動や商品活動に力を注ぎ、名称に「くみあい」や「コープ」を付けた商品開発なども始まりました。

全国で見ると同じ41年では、203組合、組合員39万人、供給高7080万円、出資金580万円の規模となっています。

戦争による生協運動の窒息

満州事変から日中戦争、さらには太平洋戦争へと戦争が拡大する中で、国家統制は思想的・政治的弾圧だけではなく、経済から生活全般に及ぶようになっていきました。戦争遂行のための統制が強化され、各組合は事業上の自由までも失っていったのです。政府は労働運動はもちろん、生協運動にも自由な活動を認めず、統制を強めていきました。先に見た通り、労働者生協の活動は早くから警察の介入・弾圧を受け、困難を伴っていましたが、政府は特に関消連や東京学消など左翼的と見なした組合への干渉と弾圧を強め、日中戦争開戦の1937年には東京学消早稲田支部が、翌38年に関消連が解散させられました。市民型生協も戦時経済統制の強化の下で事業の継続が困難となっていきます。

国民は戦争遂行・協力のため町内会や部落会に組織され、農村部では農業会が、企業や職場では解散させられた労働組合に代わり産業報国会が組織され、その統制の下、日常生活から自由が奪われていきました。砂糖、マッチ、食用油、衣料などの配給券が支給され、主要物資は配給制となりました。

各組合の主要取扱品であった米穀（例えば、灘購買組合で43％の供給比率）も、国家総動員体制の下、42年に設立された「食糧営団」が一元的に扱うこととなり、配給権を失って多くの組合は事業を停止しました。職員も徴用・徴兵された上、空襲に備えて事業所も取り壊され、組合員は疎開などで四散するといった状況でした。戦争が激化する中で、43年には賀川豊彦が反戦活動容疑で憲兵隊に検束され、江東消費組合の組合長を辞任することを余儀なくされます。取り扱い物資などで事業を統制され、働く人と施設、そしてリーダーまで奪われて、生き残った組合も窒息状況に陥りました。

そして、45年3月以降の東京、大阪、神戸など全国各地の空襲は多くの組合に壊滅的打撃を与えました。敗戦時には、ほとんどの組合が解散に追い込まれており、生き残った組合はごくわずかでした。

しかし、その苦しい経験は、日本の民主国家としての再生の中での生協運動の再建につながっていくものでした。

日本の生協運動の歩み

第1章
戦後の生協運動の再生

生協法制定要求決起大会で演説する賀川豊彦日協同盟会長＝1947年、日本生協連資料室資料から

1. 敗戦後の経済混乱と国民の生活

1945（昭和20）年8月、日本はポツダム宣言を受け入れ連合国に無条件降伏しました。日本だけでも軍民合わせ310万人の死者を出し、アジア諸国に多大な惨禍をもたらした戦争は終わりました。

敗戦後、日本ではアメリカを中心とする連合国軍最高司令官総司令部（GHQ）が非軍事化、民主化を基本に占領政策を遂行し、政治、経済、教育をはじめあらゆる分野で戦後改革が進められました。戦後改革は多くの人々に歓迎され、長らく圧殺されていた労働運動をはじめ、協同組合運動などさまざまな分野の社会運動が活発に展開されていきます。

46年、新選挙法による初の総選挙が行われました。この選挙では女性の参政権が初めて認められ、初の女性議員が誕生しています。また、同じ年に公布された日本国憲法は主権在民や戦争放棄、基本的人権の尊重をうたい、人々は民主主義と平和の到来に期待を膨らませました。民主化政策が進むにつれ労働運動などの高揚もあり、47年には社会党首班の連立政権（片山哲内閣）が生まれています。

一方で、市民生活は悲惨を極めていました。長引く戦争の下、例えば主食の配給は1人1日分300gに減り、その18%は代用食（麦や芋、大豆粕など）となっていました。加えて敗戦の年が凶作であったこともあり、食料不足、物不足は戦時中以上に深刻で、人々は食料の入手に懸命にならざるを得ませんでした。

江東消費組合の米軍払い下げ品即売会風景
＝東京都生協連『東京の生協運動史』から

インフレも激しく、物価は急速に上昇しました。45年から49年までに小売物価指数は79倍、卸売物価指数は60倍に急騰しています。戦中からの生鮮食料品の価格統制は敗戦後、一時廃止されましたが、価格が急騰しすぐに公定価格制に戻されました。調味料、燃料、衣料品など生活必需品の統制も戦時中同様に続きました。

大都市では敗戦直後から闇市が立ち、統制の下で入手できない必需品や軍などの放出物資などあらゆる物が公定価格の数倍の闇値で売られました。都市の人々は、その闇市を利用したり、近くの農漁村に買い出しに出掛けるなどして食料と物資の不足をしのぎました。

このような中、生活を守ろうとする人々の切実な要求の下、生協運動は急速に再生し、高揚していきます。48年には消費生活協同組合法（生協法）の制定も実現しました。

2. 生協運動の再生と日協同盟

生協運動の再生――「雨後のたけのこ」のように

敗戦後の混乱の中で、戦前からの生協関係者はいち早く生協の再生・再建に取り組みました。賀川豊彦を中心とする日本協同組合同盟の結成（後述）はその一つですが、全国各地で、戦争で壊滅した地域生協を再生する動きが始まりました。

東京では、かつての城西消費組合のあった地域で多くの生協が設立され、１９４５年12月に16組合で「東京西部生活協同組合連合会」を発足させました。このグループが「消費だけでなく生活全般の協同」を掲げ、「生活協同組合」の名称を初めて使用しました。

町内会生協の一つ。1945年設立の東京の高円寺六丁目生協＝日本生協連資料室資料から

神奈川県でもかつての関消連のリーダーたちを中心に、川崎、藤沢、横浜などに生協(現ユーコープ)が設立されました。これらは「一市一生協」の考えに基づき、町内会単位を中心とした他の地域の生協に比べると規模の大きいものでした。

敗戦後の混乱の中で設立された生協の多くは、自然発生的な動きによってつくられています。それらは戦時中、戦時総動員体制の末端組織であり配給機能も担っていた隣組や町内会組織などがGHQにより禁止され、食料品の確保や共同購入のために消費組合・生協に組織替えしたものなどでした。これらの生協は「買い出し組合」といわれたように、都市周辺の農家や農業団体から芋類や青果物などを買い求めたり、闇市から物資を入手して組合員に分配したりしました。

46年から47年にかけて、こうした新しい生協が「雨後のたけのこ」のように設立され、47年段階で全国で6503組合（うち地域2044組合）、組合員数297万人を数えました。新設生協数は東京だけでも46年が243組合（うち地域200）、47年は228組合（うち地域170）となっています。

食料難と経済の混乱の中で生協への期待は高まりましたが、前述のように町内会組織などが生協化したところが多く、運営も事業も未熟でした。そのため、その後の経済情勢の急激な変化の中で、そうした生協の大半が解散することになります。90年代まで活動を継続した東京・世田谷の下馬《しもうま》三丁目生協（後の下馬生協）は、こうした「町内会生協」が発展を遂げた数少ない事例の一つといえます。

職場でも同様に「集団買い出しのため職場放棄もやむなし」といった状況の下、地域生協に倍する勢いで新たに生協が設立されました。戦時中、町内会と同様の役割を担っていた産業報国会は戦争協力組織として廃止されますが、その末端組織が敗戦直後に生協化した例もあり、前述した6503組合の中にはそうした組合もかなりの数が含まれていたと推測されています。

また、労働組合の結成と労働運動の高揚の下で、労働組合による生協づくりが広がりました。北海道では勤労者協同組合（勤協）と呼ばれる生協が札幌、小樽など各地に設立され、49年には遠軽町生協が地区労働者協議会によって設立されました。東京でも北区勤労者協同組合を母体に、労働者クラブ生協（現コープみらい）が設立されるなどの動きがありました。

そのほか、新宿区につくられた戸山ハイツ生協（現コープみらい）のように、戦災者や大陸からの引揚者らにより設立された生協や在日朝鮮人組織による生協などが生まれています。

戦前からの生協の再建

一方、戦前に発展を見せていた生協の大半は、戦争の激化の中で姿を消していき、組織・事業ともに戦後も継続できた組合は東京の家庭購買組合、江東消費組合、関西の神戸消費組合、灘購買組合、共益社、福島県の福島消費組合など数えるほどしかありませんでした。事業はもちろん、組合員の諸活動も自由にできず、働き手も徴兵などで失い、窒息状態で生き残っていたこれらの生協は、疎開や空襲で組合員も散り散りになり、施設も焼失している中、必死の努力で再建に取り組みました。

兵庫県の灘購買組合、神戸消費組合は1945年6月の空襲で大半の施設を失い、組合員も四散していました。灘購買組合は食料確保のために地元町村と協力し、また、後述する荷受権、配給権問題では商業者と青果物など生鮮食品の確保で共同するなどして、事業の再建を軌道に乗せていきました。神戸消費組合は45年11月に臨時総代会をもって再建方針を確認、組合員拡大などに取り組みました。翌46年には機能を停止していた兵庫県連合会を灘購買組合などと共に復活させ、青果物の荷受権を獲得することで、再建を果たしました。また、福島消費組合はドングリの実で作ったパンを供給するなどの苦しい取り組みの末、青果物と魚介類の配給権を獲得、再建の道を歩みました。

しかし、その他の組合は再建への努力を続けたにもかかわらず、戦後の混乱期を乗り切ることができませんでした。東京の家庭購買組合は、空襲などで施設と組合員の大半を失ったものの戦禍を免れた施設を中心に事業を再開し、50年には文京、新宿、世田谷、大田の4区で店舗を営業するまでになりました。しかし、本格的な再建には至らず、53年に解散しました。江東消費組合も戦災に遭わなかった小岩店を中心に再建を図りましたが、後述するドッジ・ラインによる経済変動を乗り切れず、51年末に解散しています。

職域、大学、学校などの生協の動き

また、この時期には職域でも生協設立の動きが見られ、それは地域生協に負けない勢いでした。新たな職域生協の設立は、労働組合の設立とその支援によるものが多くありました。大手では愛知のトヨタ生協、播磨造船生協（兵庫、現コープこうべ）、三井造船生協（岡山）、播磨造船呉生協（広島、後の呉造船生協、現生協ひろしま）、大阪の扶桑金属購買利用組合（現日鉄大阪生協）、武田薬工協同組合などで、関東でも野田醤油生協（現パルシステム千葉）をはじめ、東京の日本無線生協、オリジン電気生協、凸版印刷生協など多くの民間企業で生協が設立されました。また、農林省生協や群馬県庁生協、長崎市役所職員生協など官公庁でも職員組合によって生協づくりが行われました。

戦前から続く職域生協では、明治期創立の歴史を持つ足尾銅山三養会や日光電気精銅所協同購買組合（共に栃木）をはじめ、日本製鋼所員購買組合（室蘭）、石川島購買組合（東京）、日立造船因島消費購買組合（広島）、水光社（熊本）などの生協が戦後の再建に成功しました。

大学生協では慶応義塾などの生協が戦前の伝統を継承して再建されましたが、多くの大学や専門学校では「学ぶことは食うことから」と、終戦直後から自治会の再建と併せて生協づくりが始まりました。京都では、同志社大学を中心に全京都学生協同組合が１９４５年に発足しました。東京大学でも46年、東京帝国大学協同組合が設立されましたが、南原繁総長が理事長に就き、大内兵衛教授が専務理事となる、学生だけではない全学的組織でした。

同じく東京の早稲田大学、法政大学などの私学をはじめ、北海道大学、東北大学、九州大学、

東大協組の第1回総会。壇上には理事長の南原繁総長、議長席には専務理事の大内兵衛教授の姿が見える＝1947年2月15日、東大生協『五十年のあゆみ』から

鹿児島大学などの国立大学で生協の設立が進み、47年には全国学校協同組合連合会（全学協、現全国大学生協連）が設立されました。

小中学校では47年、日本教職員組合（日教組）が生協設立方針を打ち出したこともあり、全国各県で教職員による学校生協づくりが進みました。翌48年には全国学校購買利用組合連合会（全学協連）が設立されています。学校生協は戦前の活動を継承した秋田県学校生協をはじめ、49年までに20生協以上が設立あるいは活動を開始していました。

日協同盟の創立

戦争の終結と同時に、戦前からの生協運動のリーダーたちは、戦争による抑圧からの解放感と運動再建への使命感をもって、生協運動再建への道を探り始めました。1945年9月ごろから賀川豊彦の周辺の人たち、家庭購買組合の関係者、旧関消連の関係者たちが、それぞれのつながりの中で話し合いを始め、10月には数人のリーダーがこれらの動きを結び付けていきました。賀川豊彦を議長に数回の懇談会が開かれた後、これらのグループは合流します。45年11月18日、生協運動の再生・発展を目指して、日本協同組合同盟（日協同盟。会長・賀川豊彦）が創立されました。

日協同盟はその名の通り、農協や漁協なども含む協同組合全体を対象にした組織という構想を持って出発しましたが、中心メンバーが生協関係者であったことや法律が個別の協同組合ごとに整備されつつあったことなどから、この構想は実現されず、生協の連合会として活動していくことになります。そしてその後、生協の全国的統一組織である日本生協連を誕生させたことの意義は大きなものでした。

この時期は、各地で生協の再建と新設の動きが始まりつつある時でした。日協同盟は「指導連」として生協の設立相談や組織化支援、人材の育成、生協の普及宣伝などを目指して活動を展開しました。日協同盟の開設した設立相談所には連日、生協設立などの相談があり、全国各地との連絡や支援活動が展開されました。日協同盟の地方本部や都道府県支部づくりも進めら

日本協同組合新聞

危機克服に新任務と性格展開

ほうはいと昂まる協同組合運動の波

民主的な協組法の

日協草案實現に邁進

内容充實すれば

消組にも統制物資

食糧對策審議會に望む

肥料生産の

勞農協管理へ

關西本部結

組合活動を阻む

日本協同組合同盟が定期的に発行していた機関紙『日本協同組合新聞』の第1号＝1946年5月5日付、日本生協連資料室資料から

れました。

一方、前述した食料や物資の不足はさらに深刻化していました。それに対し、急速な勢いで結成されていった労働組合を中心に、食料危機突破を訴え、食料の民主的管理を要求する運動が広がりました。各地で生協なども参加して「市民食糧管理委員会」などが結成され、46年5月には「食糧メーデー」に25万人が参加するなど、運動は大きく盛り上がりました。

日協同盟は新しい生協づくりの促進と併せ、大衆的な盛り上がりを見せていた食料危機突破運動に取り組みました。日協同盟は会員生協のほか、労働組合や農民組合などとも協力して、隠匿物資摘発や生活必需品の配給民主化などの要求運動を押し進めました。

3．再建期における基盤確立の動き

荷受権・配給権獲得運動

生協は、食料獲得運動に、諸団体と共に取り組みましたが、自ら取り扱う食料品などの入手に苦闘しなければなりませんでした。敗戦後一時、生鮮食料品の統制が廃止されましたが、価格高騰ですぐ統制下に戻り、他の物資も戦時統制制度が続きました。米の食糧配給公団をはじめ、魚介類配給統制組合などの配給機構も継続し、それらの機構から排除された生協は、米や調味料、燃料や衣料などの生活必需品が扱えない時期が続きました。

それらの物資を定期的に仕入れ、組合員に安価に供給し、なおかつ事業体として確立するためには、卸売事業者としての集荷・荷受権と小売事業者としての配給権が必要でした。そこで生協は、荷受権・配給権獲得運動に乗り出しました。

荷受権の獲得のために進められたのが、都道府県ごとの連合会づくりでした。兵庫では戦前からの連合会を再建し、その連合会が青果物の荷受権を獲得しました。東京ではすでに存在し

神奈川県内の生協と労働組合が一体となって開催した食糧確保代表者会議の模様＝1948年2月、神奈川県生協連『つながりをたいせつにして(50年のあゆみ)』から

ていた五つの連合会をまとめて新連合会をつくり、荷受権を獲得しました。茨城、福島、大阪などでも連合会づくりと併せて、荷受権獲得運動が進められました

配給権は、1947年から割り当て切符制となりました。消費者の予約購入票を集め、それが一定数になった事業者に配給権が与えられる仕組みで、各生協は商業者に負けない予約獲得に全力を挙げました。配給権の獲得は、野菜、鮮魚、漬物、みそ、しょうゆ、衣料、燃料などで取り組まれました。

荷受権・配給権獲得運動を通じて生協は、全国的な物資交流と事業活動強化のために、全国的な事業連合会結成の必要性を認識するようになりました。国際協同組合同盟（ICA）加入のためには法人格を持った全国単一の連合会が必要であったこともあり、産業組合法に基づく全国連合会を設立することになりました。新連合会は、経済力のある組合が多い関西（大阪）に本部を置くこととなり、47年7月、全日本生活協同組合連合会（全協連）が設立されました。しかし、全協連の荷受権獲得はなかなか進まず、会員生協の事業が不安定な中で、その事業は失敗に終わります。全協連は1年余で解散してしまいました。

生協法制定運動の展開

日協同盟の設立時から課題の一つとして挙げられていたのが、産業組合法に代わる新しい協同組合法の制定です。生協だけではなく、農協や漁協なども対象に含む包括的な協同組合法を求める意見もありましたが、前述の通りすでに農業協同組合法、水産業協同組合法などがそれぞれ準備されており（農協法は1947年11月施行）、日協同盟は常任中央委員の山本秋の草案を基に、個別法として生協法の制定に向けた議論や法案の起草を進めました。統制経済下で生協の事業権の確保が大きな問題となっていた情勢でもあり、日協同盟は生協法制定の運動を急ぐことになりました。

日協同盟はGHQと折衝しつつ、47年の総会で生協法の第1次案（日協同盟6月案）を確認しました。6月案の特徴としては、①生協を組織する根拠を憲法25条の「健康で文化的な生活を営む権利」と位置付けたこと、②生協に経済統制下の配給活動などの事業権を保障し、信用事業や保険事業を行えるとしたこと、③ロッチデール原則が貫かれ、行政庁の監督権限を狭めたこと、④生協の民主的運営を保障し、主婦が組合員となれるようにしたこと、⑤免税の原則を明確にしたこと、⑥員外利用を15％の範囲で認めていたこと、などが挙げられます。

この年は、結局は連合国軍最高司令官のマッカーサーによって中止されるものの2・1ゼネストが準備されるなど、労働運動がさらなる盛り上がりを見せた年でした。また4月の総選挙では社会党が第一党となり、片山哲を首班とする連立政権が生まれています。

連立与党の社会党、民主党、国民協同党の各党なども生協法の制定には前向きで、独自に生協法案を準備していました。日協同盟は生協法の制定を求める「100万人署名、1人1円資金募集」運動を進めるとともに、第2次案（8月案）を作成して政党との妥協を図り、早期制定を目指しましたが、国会の事情もあり、実現しませんでした。

最終的には、片山内閣から芦田均内閣に交代した48年7月に生協法案が国会に上程されました。このころには生協法制定の主導権は日協同盟の手を離れており、この法案は厚生省で作られ閣議で一部修正されたものでした。そして民主自由党により「員外利用の禁止」などの規制条項が加えられた上で、消費生活協同組合法が成立し、同年7月30日公布、10月1日施行されました（同時に産業組合法は廃止されています）。

成立した生協法には、民主的な理念とロッチデール原則が生かされており、何よりも生活協同組合が法的に位置付けられたことは、生協の事業や活動の展開に向けた大きな一歩となりました。しかし、生協側の要求の柱の一つであった事業権の確立は曖昧にされ、信用事業も認められませんでした。都道府県を越えて事業を行う連合会や員外利用も禁止されるなど、日協同盟案に比べてはもちろん、産業組合法に比べても問題の多いものでした。他の協同組合法にはない、政治活動についての規制が盛り込まれたことも反発を呼ぶものでした。多くの生協関係者は、生協法制定を評価しつつも、同時に改正を求める声を上げました。

生協法の施行を知らせる厚生省のポスター＝1948年、日本生協連資料室資料から

4．ドッジ・ラインと危機打開の努力

米ソ対立が表面化する中、1948年に入ると、アメリカは占領政策の目的を日本の「非軍事化」「民主化」から「経済復興」へと転換していきます。それは、日本をアメリカの「同盟国」として再建することを目指したものでした。財政の均衡や経済統制の強化などをうたった「経済安定9原則」に基づき、翌49年にはアメリカのドッジ特使による財政・金融政策（ドッジ・ライン）、シャウプ特使による税制改革などが実施されることとなりました。ドッジ・ラインによる財政、金融の引き締めと賃金、物価の抑制はくらしと経済に大きな影響を与え、生協の経営にも深刻な影響を及ぼしました。

このような情勢の変化の下、生協法が施行された48年10月ころから生協新設の動きは止まり、生まれて間もなく体力の弱かった生協は資金難や経営管理の立ち遅れから事業経営が悪化し、休眠する生協が増え始めました。前述のように、家庭購買組合や江東消費組合など再建中の生協も解散していきました。

47年9月に6503あった生協は、50年10月には1130組合に激減しました。会員生協の経営破綻、解散に伴って都道府県ごとの連合会（以降、県連）も危機に陥り、大阪府や兵庫県をはじめ、ほとんどの県連は事業が行き詰まり、解散しました。日協同盟も会員生協と同様に経営難に陥り、機関紙『日本協同組合新聞』の休刊など活動を縮小せざるを得ませんでした。

このような中、危機打開に向けての活動が取り組まれ、灘生協や神戸生協、福島消費組合などの各生協は合理化を進めるとともに、組合員からの増資を求めることによって、この困難を切り抜けました。

また、職域生協ではドッジ・ライン下で進められる企業合理化の下、母体企業から独立して生き残ることが求められ、独立採算制への移行を進めました。

日協同盟は、危機打開のため政府資金の融資獲得、会員生協の経営管理技術の強化や経理基準の統一などに努めました。49年には、生協法で認められていなかった信用事業や全国連合会の事業権を求め、生協法の改正と生協への資金融資要求などを政府、各政党に働き掛けました。また、シャウプ勧告に基づく税制改革に協同組合への課税強化が盛り込まれましたが、日協同盟は反対する取り組みを農協などと共に進め、一定の歯止めを掛けることに成功しました。

この時期、神奈川や東京、京都などで経営が困難になった生協の多くが実質的には個人商店化していきました。一方で、いくつかの生協では小売業者を生協の職員とし、それら個人事業者の店舗を生協の店舗とする「商店吸収」という特殊な組織方式が採られました。実質的には名義貸しでしたが、生協には各店舗から負担金収入が入る上に事業が拡大でき、小売業者には税務対策上のメリットがありました。

しかし、税務署による実態調査と徴税が行われたことや、54年に厚生省が生協法を改正して「名義貸し」を禁止したことで、この方式は数年で破綻しました。なお、この時の生協法改正で連合会の購買事業の地域制限が撤廃され、全国連合会が事業を行えるようになりました。

5．日本生協連の創立とICA加盟

「平和とよりよい生活のために」

日協同盟と会員生協では、ドッジ・ラインによる生協の経営危機を克服する努力を進める中で、法人格を持った連合会の必要性の認識が高まりました。そして1951年3月、前年の日協同盟総会での決議に基づき日協同盟は解散し、日本生活協同組合連合会（日本生協連、当時

東大29番教室で行われた日本生協連創立総会の模様＝1951年3月20日、東大生協『東大生協二十五年運動史』から

は日協連の略称も併用）が発足しました。

その前年、50年には朝鮮戦争が勃発しています。日本は米軍の作戦補給基地になるとともに、警察予備隊が設置されて「再軍備」が始まりました。官公庁などでは、共産党員や同党の支持者とみなされた者が追放されるレッドパージが行われました。平和と民主主義の先行きに再び暗雲が立ち込め始めたのです。

第三次世界大戦も懸念される非常に緊迫した状況の下で開催された日本生協連の創立総会は、「平和宣言」と「平和と、より良き生活こそ生活協同組合の理想であり、この理想の貫徹こそ現段階においてわれわれに課せられた最大の使命である」とする創立宣言を採択しました。「平和とよりよい生活のために」は現在に至るまで日本生協連の、そして全国

日本生協連で長く掲げられているスローガン「平和とよりよい生活のために」＝題字：石黒武重日本生協連第3代会長

の生協の理念・スローガンとして掲げられています。
日本生協連は、日協同盟に引き続き賀川豊彦を会長として発足しましたが、生協運動は危機的な状況にありました。日本生協連への加入は県連を通しての一括加入（間接加入）が多く、51年度の会員は県連11、直接加入生協48の59生協で、間接会員が２６８生協でした。間接会員は県連がまとめて日本生協連に会費を納めましたが、経営の苦しい生協が多くその集金も困難な状況が続き、日本生協連の財政は赤字続きでした。日本生協連への期待や課題は多くありましたが、職員を増やす余裕はなく、職員が10人を超えるのは60年代になってからです。

日本生協連は創立後、大規模生協経営研修会（大規模研）などの研究会・研修会を開催し、組織、経営強化に努めるとともに、資金難打開、生協法改正、税制改正、酒・たばこの小売取り扱い実現など、生協運動の発展を阻害する外的な要因の排除に努めました。

大規模研は当時の主要会員生協（供給規模月１０００万円以上）を集めての研修会でしたが、参加資格を持つ11生協のうち地域生協は灘生協と神戸生協のみで、他の9生協は職域と大学生協でした。地域生協の最も苦しい時期だったといえます。

平和への志向とICA加盟

日協同盟の創立来の宿願であった国際協同組合同盟（ICA）への加盟はGHQの許可が得られず、なかなか実現しませんでした。しかし、1951年9月、サンフランシスコ講和条約の締結により占領が終結し、日本生協連のICA加盟を可能にする前提条件ができました。そして、52年1月、日本生協連はICA加盟という宿願を果たし、国際的な交流が本格的に始まることとなりました。

49年、ソビエト連邦が原爆開発に成功します。朝鮮戦争ではアメリカのトルーマン大統領が核兵器の使用もあり得ると発言するなど、世界は核兵器の脅威の下に置かれることになりました。54年、アメリカのビキニ環礁での水爆実験により静岡県焼津のマグロ漁船、第五福竜丸が被爆しました。この事件は日本社会に大きな衝撃を与え、マグロの汚染問題から原水爆禁止の署名運動が広がりました。

この署名運動には杉並区生協協議会婦人部をはじめ、東京都生協連婦人部が取り組み、全国

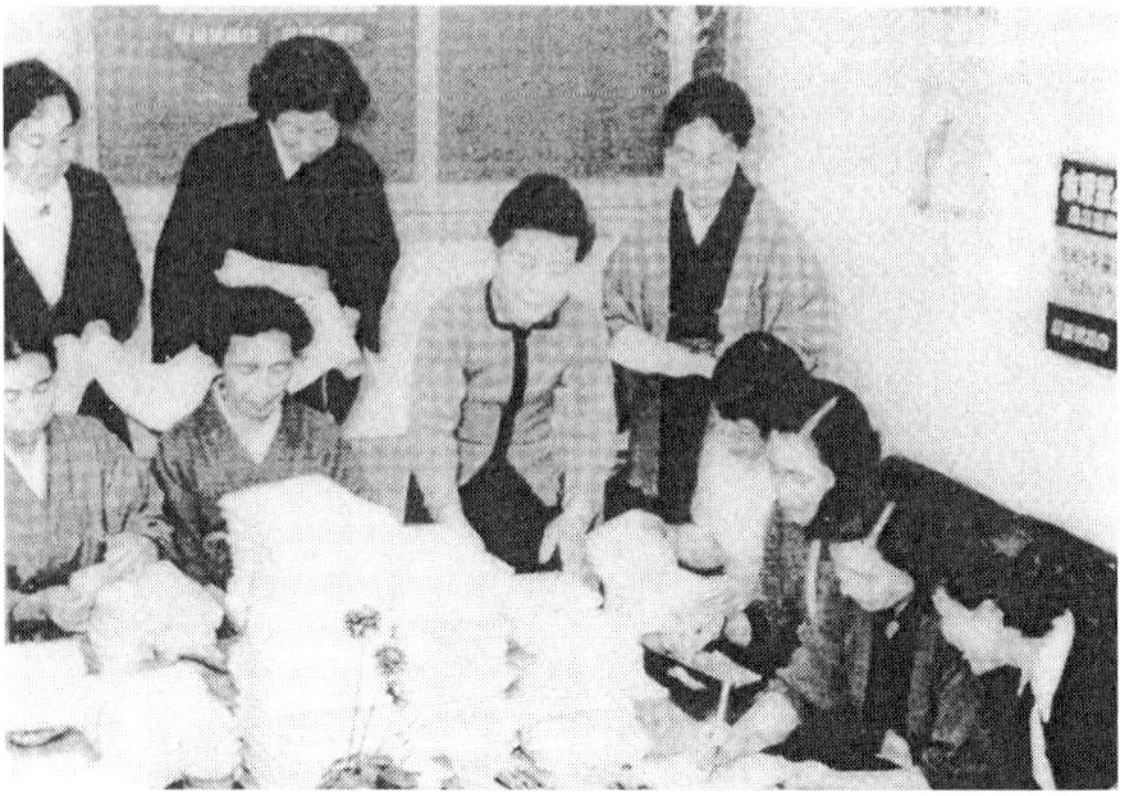

原水爆禁止の署名運動に取り組む杉並区生協協議会婦人部の組合員たち＝1954年7月、矢根軍市編著『杉並中央生協25年史』生協運動史刊行会から

署名運動の呼び掛け人には日本生協連の賀川豊彦会長や奥むめお副会長が名を連ねました。55年8月、広島で開催された第1回原水爆禁止世界大会にも代表が参加しました。その後、生協では70年代後半から再び「反核平和」の取り組みが大きく展開されることになります。

52年にICAに加盟した日本生協連は、54年、57年のICA大会で原水爆禁止の決議やアジア地域委員会の設置など重要な提案をしました。55年には初の海外視察団が中国、ソ連に派遣されましたが、国交のない両国との協同組合を通じての友好親善の活動として、その後も視察団の交換が続きました。

また、視察団はセントロソユーズ（ソ連消費組合中央会）との間で日ソ間の貿易開始について合意し、56年には日本生協連の子会社として日本協同組合貿易株式会社（日協貿。現株式会社コープトレード・ジャパン［CTJ］の前身）が設立され、対ソ連を中心にして協同組合間貿易が始まりました。

第2章
経済復興と生協の活動領域の広がり（1950年代）

商調法反対で、国会前に座り込む全国の生協の代表＝1959年2月、日本生協連資料室資料から

1．1950年代の情勢と生協運動の特徴

「もはや戦後ではない」

第1章で触れた通り、1950（昭和25）年6月の朝鮮戦争勃発と前後して、GHQの勧告により官公庁や企業から共産党員などを追放するレッドパージや警察予備隊の設置（後に保安隊と改組され54年、自衛隊となる）などが進められました。冷戦が本格化する中、非軍事化、民主化を進めてきたGHQは、いわゆる「逆コース」に転じました。アメリカは対日講和を急ぎ、50年、サンフランシスコで講和条約と日米安全保障条約が締結され、52年4月、その発効をもって連合国による日本占領は終わりました。ソ連などの東側諸国を含まない「単独講和」となった講和条約の批准をめぐって左右に分裂した社会党は、55年に再統一します。同年、保守政党の合同で自由民主党が誕生し、政治はいわゆる「55年体制」に入りました。

朝鮮戦争では、日本はアメリカ軍の前線基地となり、ドッジ・ラインによる不況に苦しんでいた日本経済は戦争特需で息を吹き返しました。51年には鉱工業生産が、戦前水準を回復しています。各種優遇税制、開発銀行などによる金融、独占禁止法の改正など政府の支援策を得て、

重化学工業を軸に回復した日本の経済は、55年には主要指標が戦前の最高水準を超え、以降「神武景気」「岩戸景気」と、高度経済成長の時代に入っていきました。

56年の経済白書は「もはや戦後ではない」と戦後復興期の終わりを告げました。それを裏付けるかのように、政策による後押しなども得た技術革新による産業の合理化や近代化が進むとともに、石油化学工業の発展など産業構造も変化していきました。農業就業者が減少し、集団就職などで多くの若者が都市部に就職するなど、農村から都市への人口の大量流入が始まりました。テレビ、洗濯機、冷蔵庫が「三種の神器」といわれ、家電製品など耐久消費財や加工食品などの大量生産、大量消費の時代に入っていきました。

労働運動をはじめとする社会運動に目を転じると、技術革新と産業構造の変化の下で、企業整備・人員整理が進み、エネルギー革命がいわれる中で、日産自動車、日本製鋼所室蘭製作所などで長期にわたる大争議が起きました。特に、59年から60年にかけて三井鉱山三池鉱業所で闘われた三井三池争議は「総資本対総労働」の闘いと呼ばれ、時代を画するものとなりました。日教組が取り組んだ勤務評定反対闘争は、当時盛り上がりつつあった母親運動などとも提携しながら進められました。58年に当時の岸信介内閣が警察官の権限強化をもくろんだ警察官職務執行法改定案に対しては、日本労働組合総評議会（総評）を中心とする全国的な反対運動が取り組まれ、「デートも邪魔する警職法」と言われるような広範な世論の反対により、改定案は廃案となりました。これらの反対運動は、59年からの日米安全保障条約改定反対の運動につながりました。前章で記述した、54年にアメリカが実施した水爆実験を発端とする原水爆禁止運動が大きく広がったのもこの時期です。

1950年代の生協運動の特徴

ドッジ・ラインによる経済の悪化に伴い、戦後間もなく設立された生協の多くは解散しましたが、新たな動きが労働運動における労働者福祉運動の盛り上がりの中から生まれ、地域勤労者生協や労働金庫（労金）、労働者共済生協（労済生協）が誕生しました。

この時期の生協運動をけん引したのは、労働組合の運動を基礎にして設立された地域勤労者生協で、その全国的な設立、発展は戦後すぐの時期の高揚期に続く、第2の高揚期といわれました。その拡大発展は小売商団体に反生協運動を引き起こさせるほどでした。

炭鉱でも労働組合による運動の中から、北海道や九州などに多くの炭鉱生協が生まれました。

1950年代後半には家電製品などの普及が進み、同じく労働組合の運動の中から信販事業（クレジット）を主とする広域生協や、住宅生協も生まれています。各分野の生協が出そろい、これまでになく活動領域が広がりました。

しかし、多くの地域勤労者生協や信販生協などは、労働組合に依存した運営から自立した生協らしい組織運営への転換が進みませんでした。そうした生協の多くは事業経営面で苦戦し、60年代はじめには解散していくことになります。

一方、既存の生協では基盤確立のための努力が行われました。地域生協では家庭会など婦人組織の再建強化が図られ、店舗へのレジスターの導入によるセルフサービス化など経営の近代化が追求されました。学校生協、大学生協では混迷の中から再建への努力が行われ、全国的な連帯も強化されました。医療の分野でも新たな生協が設立され、日本生協連医療部会が結成されました。

生協運動にとって50年代は、日本の経済や社会が戦後復興から高度成長期に向かう中で、地域勤労者生協など新しい動きが生まれ、組合員のくらしと流通の変化に対応するため組織・経営の基盤強化に努めた時期でした。

事業連帯面では、ドッジ・ラインで壊滅していた共同仕入活動再建への努力が積み重ねられ、58年には念願の全日本事業生活協同組合連合会（事業連）が設立されました。

2. 労働者福祉運動と地域勤労者生協

労働者福祉運動の進展と労働金庫の設立

インフレ収束を目的としたドッジ・ラインの下、賃上げの要求を抑え込まれた労働組合は、食料品や労務用物資の獲得など、生活と福祉の分野に力を注ぐことになり、1949（昭和24）年には主要な労働組合に日協同盟も加わり、労務用物資対策中央連絡協議会が結成されました。50年の総評発足後、あらためて労働組合福祉対策中央協議会（中央福対協。後の労働者福祉中央協議会［中央労福協］）が結成され、51年から53年にかけて全国各地に都道府県や地区を区域とした地方福対協がつくられていきました。

このような労働運動における福祉問題の比重の高まりは、労働者の協同組合運動への関心を高めることになり、各地で労金の創設、地域勤労者生協、労済生協づくりなどが取り組まれました。

労金の設立については、岡山県生協連が中心になって進めた岡山県勤労者信用組合（岡山労金）

労働金庫連合会創立総会の模様＝1955年3月、日本生協連資料室資料から

が50年に認可され、続いて兵庫県勤労者信用組合（兵庫労金）が設立されました。兵庫労金設立には灘生協や神戸生協も協力しましたが、岡山労金と異なり設立主体は労働組合でした。その後、労金設立は52年～53年をピークに全国に広がります。

日本生協連は労働組合と共に法制定運動を進め、53年には労働金庫法が成立しました。生協法では信用事業が認められていなかったこともあり、労金の設立により勤労者による協同組織金融機関が生まれたことは、大きな意義がありました。ただし、その中心は労働組合であり、事業に占める生協の比重は大きくはありませんでした。

地域勤労者生協の全国的設立

労金づくりに並行して、労働運動の中では地区労働組合協議会（地区労）などを基盤にした地域での生協づくりの機運が高まっていきます。1950年には鳥取県西部勤労者生協、鳥取県東部勤労者生協（現鳥取県生協）や大分県の津久見生協などがこうした地域勤労者生協として相次いで設立されました。当時、労働省は労働者福祉を重視し、生協育成を方針としており、各県の労政課も地域勤労者生協の設立を支援しました。

鳥取県西部勤労者生協は55年には組合員1万2000人、年供給高3億5500万円、鳥取県東部勤労者生協も同年、組合員5700人、供給高9000万円の規模となりました。共に当時としては近代的な大型店を展開して消費者ニーズに応えたためでしたが、小売業者には脅威と映り、後述する反生協運動を起こされることとなりました。

大分県では津久見生協に続き、臼杵生協、杵築生協（共に現コープおおいた）など全県的に地区労を基盤にする生協が設立されました。山形県では県労政事務所の協力もあり、県下の各地区福対協が主導して、55年から57年にかけて鶴岡生協、山形勤労者生協、最上勤労者生協、酒田勤労者生協などが設立されました。

このころ、労働組合組織の支援で設立された主な生協は前記のほか、大館勤労者生協、喜多方地区生協（現コープあいづ）、会津地区労働者生協、飯田生協（現コープながの）、島根県中部生協、岡山生協（現おかやまコープ）、国鉄小郡生協、全駐労板付生協などでした。日本生協連はこれらの生協を「地域勤労者生協」と呼びました。なお、労働組合の直接的な支援はなく設立され、設立後、地域の労働組合などと連携を強めていった生協に静岡生協（現ユーコープ）、浦河生協、桐生中央生協（現コープぐんま）などがありました。

炭鉱でも、労働運動の盛り上がりとともに生協の設立が進みました。大きな契機となったのは52年の日本炭鉱労働組合（炭労）の63日間に及んだ賃上げ要求のストライキでした。炭鉱労働者の生活は会社経営の購買会に大きく依存していましたが、ストライキの際、会社が購買会を閉鎖するといった事態が起き、「購買会奪還――生協化」と生協設立が課題となりました。北海道では、52年以前から美唄地区や幾春別炭鉱などに生協がつくられており、九州でも三菱新入炭鉱や日炭高松炭鉱（共に福岡県）などで生協が設立されていました。

52年以降の「購買会奪還」闘争の中で常磐炭鉱（福島県）、杵島炭鉱（佐賀県）、太平洋炭鉱（北海道）など多くの炭鉱で生協が設立され、54年には炭鉱生協中央連合会（炭協連――のち鉱山生協連合会［鉱協連］に改称）が設立されました。

労済連の第1回通常総会＝1958年、日本生協連資料室資料から

労済生協、信販生協など

生協法に基づく共済事業は１９４９年に火災および生命共済事業を発足させた野田醤油生協を皮切りに、大規模な職域生協によって取り組まれるようになっていました。日本生協連も51年の第１回総会で共済事業の促進をうたいましたが、中央福対協も同様の提起をし、労働者共済の推進に大きな役割を果たすことになります。労済生協の設立が最も早かったのは大阪府で、大阪福対協が日本生協連などとも相談しながら準備を進め、54年、全大阪労働者共済生協（大阪労済）を発足させました。

新潟県でも福対協が55年に火災共済事業を開始しました。発足のわずか5カ月後に新潟大火が発生し、掛金収入を上回る共済金の支払いという困難に直面しましたが、労働組合の支援などにより、削減などを行わずに共済金を支払いました。翌56年には富山県福対協の火災共済事業も発足後間もなく魚津大火を経験しています。各都道府県に労済生協が設立されていくのと並行して、新潟大火を契機に共済事業の全国組織化への動きが起こり、57年、全国労働者共済生活協同組合連合会（当時は労済連、後の全労済・こくみん共済 coop）が発足しました。

福対協活動が進む中で、労金と提携して労働者信販事業や住宅事業に取り組む生協も増えていきました。大阪府や東京都、群馬県などでは全県一円の労働者生協、信販生協が設立されました。これらの生協は、労働組合の保証と労金の協力で家電製品の割賦販売などで事業拡大を図りました。しかし、その多くは労働組合や業者に依存した運営を脱することができず、長続きしませんでした。

この時期、このような労働運動と直接関係のない職域生協の設立も多くありました。また、県庁、市役所など官公庁での生協づくりも盛んに行われました。

地域勤労者生協の発展と問題点

地域勤労者生協の設立は1955年から57年にかけて全国的に広がり、戦後間もなく設立された多くの地域生協が危機に陥り、対策を講じるのに必死だった中で、50年代後半には生協運動のけん引者的存在となりました。しかし、58年ごろから、力量を超えた拡大の中で経営が行き詰まるところが出始め、多くの地域勤労者生協が解散していきました。

地域勤労者生協の問題点としては、加入や出資を労働組合が一括して行う「団体主義」の場合が多く、組合員個人の自覚が弱かったことや出資金が少なく労金などの借り入れに依存する過大な設備投資が行われてしまったこと、組合員教育や組織活動の軽視、機関運営の軽視、経営情報の公開が弱かったことなどが挙げられます。これらの弱点は広域信販生協でも同様でした。

山形県の鶴岡生協は、地域勤労者生協として設立されましたが、設立当初から「加入・出資は個人ごとに」を原則としていました。また、設立の翌年には班づくりを始めています。しかし、そのような地域勤労者生協は例外的でした。

3. 生協の基盤整備と活動の広がり

店舗のセルフ化の動き

1950年代には、このように地域勤労者生協や炭鉱生協など新しい生協が設立され、生協運動は新たな高揚を見せました。しかし、既存の地域生協は苦しい事業経営の打開が共通課題でした。

日本生協連は56年の運動方針で「組織・経営の適正規模化」、「セルフサービスの導入」を打ち出しました。スーパーマーケットの誕生など流通業界の変化に対し、規模拡大が必要であり、主力事業の店舗についてはセルフ化を急ぐべきという方針でした。

生協の店舗のセルフ化は、51年に神奈川県の菊名生協で実施されていました。まだ、一般の商店ではセルフサービスは盗難など管理面が心配されていましたが、生協では「組合員組織だからやれる」と取り組まれました。57年には灘生協がセルフサービス店の第1号「芦屋フードセンター」を開店しました。灘生協のそれ

1955年当時の鳥取県西部生協本部店。売場面積890㎡の繁盛店であった＝鳥取県西部生協『くらしを守って30年』から

までの基本業態は「御用聞き制度」であり、同店は「御用聞き」支部に付属した小型店でした。神戸生協も同年、山手センターを改装してセルフサービス1号店を開店しましたが、この店は半年で対面販売に戻りました。灘生協の1号店も青果など生鮮品は対面でした。

　高度経済成長の下での人手不足、特に若年男子の採用難が、家庭係による御用聞き制度に影響を与え始めており、小売業界のセルフ化、スーパーマーケット化の潮流に遅れないよう両生協とも準備を急ぎました。これと前後して、鶴岡生協や生協水光社などでもセルフサービスの導入が進みました。

各分野で発展への基盤づくり

　労働運動を背景にしながら地域勤労者生協づくりや炭鉱生協づくりが広がったのが1950年代の特徴でしたが、民間企業や官公庁での生協づくりも進み、職域生協は堅実な発展をしていきました。しかし、朝鮮戦争特需後の不況下、生協に対する母体企業などの対応が厳しくなったこともあり、日本生協連は職域生協の地域化方針を打ち出し、造船関連など大手の職域生協は職域内のみならず居住地への事業展開を進め、地域における基盤を確立していきました。

　学校生協は51年ごろから経営不振に陥り、全体的に混迷期というべき状況が続きました。55

年ごろから生活物資の供給に力を入れ、その代金の給与天引き制度を採用したことなどで、学校生協は危機を脱します。全国学校購買利用組合連合会は、51年にあらためて全国学校生活協同組合連合会（全学協連）と名称を変更し、法人登記を行いました。各地で学校生協が再建、新設されるとともに全学協連の卸売事業も軌道に乗り始め、全学協連はＪＴＣマークの電気洗濯機やコープ毛糸などを開発し、57年には総合カタログ『家庭通信』（後の『教員生活』、『くらしと生協』）を発刊しました。

大学生協は40年代の終わりに経営不振に陥り、50年代前半には全国学校協同組合連合会（全学協）に参加する組合は、２５６組合から20組合に減少しました。全学協も解体状況に陥りましたが、53年の第５回大会で連合会の再建が確認され、「学生生活改善運動」が推進されることになりました。共同仕入事業などが前進し、57年には46組合が連合会に結集するまでに回復しました。全学協は59年に法人格を取得し、全国大学生活協同組合連合会（全国大学生協連）と改称、以降、各生協も法人化を進めました。

医療生協について見ていくと、戦前の活動を継承したのは東京医療生協など数組合でしたが、47年に北野田医療生協（現大阪みなみ医療福祉生協）、49年には購買事業と兼営の形で労働者クラブ生協（現東京ほくと医療生協）などが設立され、50年前後から杉並中央生協（現東京西部保健生協）など購買事業と兼営の生協や、鳥取勤労者医療生協（現鳥取医療生協）、前橋生協（現群馬中央医療生協）、岡山市医療生協（現岡山医療生協）、津軽保健生協などが設立されました。そして、57年には12の医療生協が結集し日本生協連医療部会を結成、全国的な発展への準備が進められました。

広がった婦人部・家庭会活動

灘生協・神戸生協では戦後、いち早く家庭会の再建が行われ、福島消費組合でも１９４７年には家庭会活動が再開されました。戦前には一部に女性が中心になって運営する生協もありましたが、多くの生協で組合員となっていたのは当時の家制度の下で戸主となっていた男性で、理事会も男性で構成されていました。このため、実際の利用者である主婦の活動参加の場として家庭会などがつくられていきました。戦後、民法改正で家制度は廃止されましたが、まだ生協の理事会などは男性中心であり、家庭会や婦人部の組織・活動は重要でした。

新しく設立された生協でも主婦の参加と活動強化のため家庭会や婦人部づくりが進められ、共同購入、内職の講習とあっせん、レクリエーション、料理講習などさまざまな取り組みが行われました。地域生協だけでなく、トヨタ生協や生協水光社などの職域生協や新設の地域勤労

第3回日本生協連婦人部全国協議会総会＝1960年、日本生協連資料室資料から

者生協での婦人部・家庭会づくりが進み、組合員活動の場となりました。

その婦人部活動が全国的な視野で行われるようになったのは、55年に灘生協で開催された全国生協婦人協議会以降でした。各県連でも婦人組織が結成されるようになり、57年、日本生協連婦人部（日本生協連婦人部全国協議会）が結成されました。そして、日本生協連婦人部の総会は、全国の組合員の活動交流の場でもありました。

婦人部活動の柱となったのは家計活動、商品研究活動、食生活改善活動の三つでした。

家計活動は組合員のくらしの見直しを進めると同時に、日本生協連婦人部で全国の組合員の生計費を集計・分析するものでした。物価値上げ反対運動などに活用されたほか、生活実態を表す貴重な資料ともなりました。商品研究活動は組合員の購買行動に生かされるとともに、生協の仕入れ活動へ反映されました。

このほか、さまざまな学習会、文化活動などに取り組み、消費者運動や平和運動など社会的課題への参加の場として生協運動を強め、広げる役割を果たしました。例えば、前章で見た原水爆禁止署名運動でも東京都生協連などの婦人部が大きな役割を果たしています。

このように婦人部活動が広がりを見せる一方、山形県の鶴岡生協では56年に店舗のセルフサービス導入の組合員向け説明会を小規模な単位で行ったことを契機に、戦前の城西消費組合などの取り組みにも学んで班づくりが始まりました。鶴岡生協では班が生協の基礎組織として位置付けられるようになっていきましたが、班組織が全国に普及するのは60年代後半からになります。

4．共同仕入事業と事業連の設立

全国的な商品の共同仕入れは全協連では失敗しましたが、１９５２年から56年ごろにかけて、

事業連設立総会。写真では「日本生活協同組合事業連合会」となっているが、厚生省の指導で「全日本事業生活協同組合連合会」とした＝1958年11月、日本生協連資料室資料から

東京、北海道、神奈川、愛知、山口、福岡などの各県連で再開され、全学協連、全国大学生協連、鉱協連も新たな取り組みを進めました。

54年、生協法の改正で連合会が都道府県を越えて卸売事業を行うことが可能となり、56年、日本生協連は灘生協などの協力の下、関西地方本部で共同仕入事業を始めました。そして、単位生協（単協）の事業規模が拡大し、各連合会による共同仕入事業も着実に進展するなど主体的条件が整ったことから、58年11月、全日本事業生活協同組合連合会（事業連、会長・石黒武重）が設立されました。後述する57年〜58年にかけての反生協の動きの中で、生協へメーカーや問屋が商品を卸さない「荷止め」などの事態が発生し、共同仕入れの必要性が高まったことも事業連設立の背景となりました。事業連は本部事務所を石川島生協（東京都）に置き、関西支所は灘生協に間借りして、事業を開始しました。

事業連発足の準備の中では、全学協連、鉱協連、全国大学生協連との組織整備の協議が続き、60年代に入って以降、全学協連と鉱協連は日本生協連と合併（学協部会、鉱山部会となる）、事業機能を事業連に統合しました。また、北海道支所は北海道生協連と鉱協連の、九州支所は鉱協連の事業を継承し、東京支所は職域および地域の共同仕入協議会の事業を引き継ぎました。

事業連の当初の事業は、各支所が旧組織から引き継いだ商品や問屋のあっせん事業などが中心でしたが、徐々に単品集中方式に移行し、その重点商品を「生協」印で供給することも始めました。当初はメーカーブランドと「生協」印のダブルブランドが多かったものの、60年代に入るとCO-OPマーク商品を開発するようになり、その後の生協運動の本格的な発展に大きく寄与することとなりました。

5. 反生協の動きと消費者運動の新展開

このころの日本の小売業は「零細過多」という特徴があり、その多くは中小の小売商でした。

商調法反対で雪の降る中、国会前に座り込む全国の生協の代表＝1959年2月、日本生協連資料室資料から

中小の小売商の間では百貨店のほか、生協もその経営を圧迫しているとして問題にされ、しばしば生協に対する小売業者の妨害、反生協の動きが発生していました。

1953年、鳥取県西部勤労者生協のある米子市で反生協の動きが始まりました。米子市商工会議所は関係業者に生協への荷止めをさせ、対抗する偽装生協をつくるなど、生協への攻撃を強めました。そのような動きは鳥取市のほか、松江市、徳山市、津久見市などに広がりました。55年には日本商工会議所が総会で生協規制要求を決議し、通産省・厚生省が指導監督強化の通知を出しています。

一方、この時期は中小企業保護政策が大きな政治問題となって、小売商を含む中小企業のカルテル化を意図する中小企業団体法の制定などが進められており、消費者の立場からは看過できない動きでした。日本生協連は、主婦連合会（主婦連。奥むめおが創設）や総評などと反対運動に取り組みましたが、その取り組みの中で、56年、日本生協連も参画して全国消費者団体連絡会（全国消団連）が結成されました。全国消団連の呼び掛けで大勢の主婦が連日、国会請願を行いましたが、これは消費者運動として初めてのことでした。

政府は中小企業団体法に続き、小売商業調整特別措置法案（商調法）を国会に提出しました。これは員外利用規制などを強化し生協規制を拡大するもので、日本生協連は全国消団連と共に廃案に向けて全力を挙げました。この運動は、生協法制定運動に次ぐ大きな国会闘争で、59年2月26日、雪の中で行われた国会前での座り込み行動は大きく報道され、世論を喚起しました。商調法は成立したものの、生協規制条項を外させるなどの修正をさせることができました。しかし、それに関連して生協法が改定され、員外利用禁止条項が強化されることとなりました。

物価・新聞代値上げ反対闘争

１９５０年代の初めは朝鮮戦争の影響による物価値上げが続いている時期であり、日本生協連は主婦連などの消費者団体や総評と共に、消費者米価など公共料金の値上げ反対に取り組み

東京・有楽町駅頭での新聞代値上げ反対署名活動＝1959年、日本生協連資料室資料から

ました。54年には輸入米に有害な「黄変米」が混入する問題があり、生協は消費者団体や総評などとこれの配給反対運動を進めました。

同年から大手乳業メーカーの原乳買い占め・価格引き上げに抗議し、各地の生協が酪農民と共に牛乳の産地直送をはじめ「10円牛乳運動」に取り組みました。

58年以降、国鉄・私鉄・バスなどの運賃、電気・ガス料金、公団住宅家賃など公共料金が相次いで値上げされました。日本生協連は59年1月、商調法問題と併せ「非常事態宣言」を発し、全国消団連は物価値上げ反対国民運動拡大実行委員会を結成、国会などへの働き掛けを強めました。

そのような中で同年3月、全国46紙の新聞社が一斉値上げを発表しました。全国消団連は各新聞社に値上げ反対を申し入れ、公正取引委員会（公取委）には独占禁止法違反の審査請求をしました。

この問題については、「公取委の審決が出るまでは値上げ分は払いません」という「不払い運動」が約8カ月にわたり展開されました。値上げ分不払いへの参加者は生協、婦人団体、労働組合など各種団体に広がり、最高時は100万人以上が参加したほか、公取委に対する要求署名も25万筆に達しました。

しかし、新聞業界からの政治的な圧力の下、公取委の審査は引き延ばされ、8月に公取委は委員長談話の形で、この件を「不問処分」とすることとしました。それでも、この運動は主婦層を中心に大きな広がりを持ち、日本の消費者運動が社会的な力を持ち得ることを示した画期的なものでした。

安保闘争への参加

1959年は、日米安全保障条約の改定問題が大きな社会的争点となった年でした。総評や社会党、共産党などは安保改定阻止国民会議を結成し、労働組合や政党、学生運動を主体とした安保改定阻止の統一行動が繰り返し取り組まれました。また、学者や文化人などの間にも反

全国から寄せられた安保改定反対請願書の山＝1959年5月14日、『生協運動』（『CO・OP navi』の前身）1960年6月号から

対の声が広がっていきました。生協では、学生運動の一翼として各大学生協がこの問題に取り組み、地域生協の一部では地域の労働組合などと反対運動を進めました。

60年5月20日未明、岸信介内閣は警官隊を国会に導入して新安保条約の衆議院での承認を強行採決しました。この強硬策は世論の強い反発を呼び、安保反対運動は安全保障問題の枠を超え、国会のあり方や民主主義をめぐる問題として多くの市民が参加する全国的な運動となっていきました。総評傘下の国鉄労働組合（国労）などは6月にゼネストを挙行したほか、一般市民が多数参加する大規模なデモが連日国会を取り囲みました。

同年に開催された第10回日本生協連総会の2

日目（6月4日）は交通ゼネストと重なりました。総会では「日米新安保条約反対決議」が採択されましたが、さらに会場からの「総会参加者で国会請願を」の緊急動議を可決し、終了後、代議員と都内の生協役職員600人が生協の虹の旗を先頭に、デモと国会請願を行いました。

安保闘争に多くの一般市民が参加したように、60年代以降、社会のさまざまな問題に対して多くの市民が声を上げていくようになりました。こうした社会の変容の中で、次章以後で詳述する〝市民生協〟が発展していくことになります。

この年、生涯を通じて貧しい者に寄り添い、協同組合運動と世界平和のために尽くした賀川豊彦日本生協連会長が死去しました。日本生協連は賀川記念事業の構想を決定し、それは後年の「賀川教育基金」設立に結実しました。

第3章 消費者運動の前進と生協運動の新たな展開（1960年代）

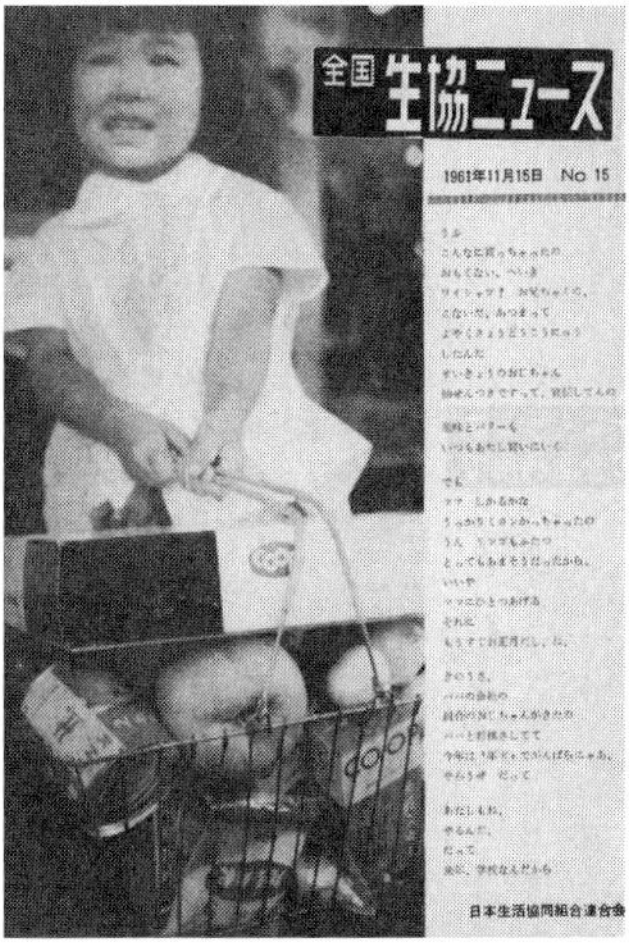

『全国生協ニュース』1961年11月15日付No.15の表紙
＝日本生協連資料室資料から

1．1960年代の情勢と生協運動の新たな展開

高度成長とくらしの変化

1960（昭和35）年6月、日米新安保条約が混乱の中で参議院の議決を経ずに自然成立し、岸信介首相は責任をとって辞任しました。代わって登場した池田勇人首相は「所得倍増計画」を打ち出し、55年から始まっていた日本の高度経済成長が加速します。

政府は税制や金融政策で企業の設備投資を支援し、鉄鋼業や機械工業、化学工業などは飛躍的に成長しました。日本は重化学工業国となり、鉄鋼や電気機器、自動車、船舶などの輸出を伸ばしていきます。68年には、国民総生産（GNP）はアメリカに次いで資本主義国第2位となりました。

これに伴い就業構造も変化し、製造業などの第二次産業や卸小売業などの第三次産業で就業人口が増加する一方、60年には30％強だった農林漁業の就業者は70年には20％を割りました。農村の所得の伸びは相対的に低く、出稼ぎの機会が少ない地域では過疎化が始まっていきます。

農業生産の低減や食料自給率の低下も進行しました。

こうした変化は都市部への人口集中をもたらし、生活の場とスタイルを変容させていきました。都市部に移動してきた若年層の多くは、核家族を形成していきます。そうした都市住民の住まいとして60年代に団地の造成が進み、都市住居の標準型の一つとなりました。

また、都市の勤労者を中心に所得が向上し、生活の変化は「消費革命」といわれました。50年代後半に「三種の神器」と呼ばれたテレビ、洗濯機、冷蔵庫は60年代に入ると価格も低下し、急速に普及しました。60年代後半にはカラーテレビ、自動車、クーラーの「3C」がブームを呼びました。食生活の面でも洋風化や大量生産のインスタント食品など加工食品が普及していきました。教育や文化・娯楽面への支出も増え、都市部では高校進学が標準化していきました。

経済の構造変化と生活の変貌は、流通業界にも大きな変化をもたらします。大量生産・大量消費は大量流通を必要とし、それに適合したスーパーマーケットは58年以降、急速に広がり「流通革命」が盛んに論じられました。スーパーマーケット・チェーンは60年代後半に急速に拡大し、全国に展開するビッグチェーンが形成されていきます。

高度経済成長は国民の所得とくらしの向上に寄与しましたが、さまざまな矛盾も生み出しました。都市人口増の下で、前述したように団地の造成などが進みましたが、大都市では住宅難や遠距離通勤、保育園や学校の不足などが深刻な問題となりました。巨大コンビナート建設が推進される一方で、各地で大きな問題となったのが公害です。各地で大気汚染、水質汚濁、騒音、地盤沈下などが続発しました。水俣病やイタイイタイ病など四大公害訴訟が行われ、対策を求める市民の運動も広がっていきました。政府の対応は遅れ、自治体レベルで対策を行う動きが強まりました。

こうした背景もあり、67年には東京都知事に社会党と共産党が推薦した美濃部亮吉が当選します。その後、全国各地で同様の革新自治体が誕生していきました。

国際的には東西対立の激化で、61年にベルリンの壁が構築され、62年のキューバ危機では米ソが開戦の瀬戸際まで至りました。65年にはアメリカの北ベトナム爆撃が開始され、ベトナム戦争が泥沼化していきます。米ソの核開発競争が進む中、52年のイギリスに続き、60年代には新たにフランスや中国も核保有国となり、核戦争への緊張が高まりました。一方で、中ソの対立など国際情勢は複雑化していきます。ベトナム戦争で基地になった日本では原子力潜水艦寄港反対をはじめ反戦運動が広がり、日韓条約締結（65年）も大きな政治問題になりました。

60年代後半、世界各国で環境保護や女性の権利、反戦平和などを掲げ、学生を中心とした若者たちの運動が広がりました。日本でも大学の授業料値上げなどを機に各地で紛争が発生し、ベトナム反戦運動などを背景に学生運動が高揚しました。

1960年代の生協運動の特徴

1950年代は地域勤労者生協や炭鉱生協、労済生協などが誕生し、学校生協や大学生協の再生、医療生協の基盤づくりなどが進んだ時期でした。一方で、50年代後半から60年代にかけては、消費革命や流通革命にどう対応していくかが生協運動にとって大きな課題となり、模索が続けられました。

こうした中、灘と神戸の二大生協の合併、鶴岡生協における班組織づくりなど、各地の生協で組織・経営の基盤づくりが取り組まれましたが、対応が遅れた生協は経営不振に陥りました。特に、50年代に各地に設立された地域勤労者生協の多くが、経営不振から解散の道をたどっていくことになります。

大手の職域生協や一部の学校生協、炭鉱生協では、組合員のくらしの変化と流通近代化の中で地域に出店するなどの「地域化」に取り組み、大学生協は、地域生協の再建・設立支援を本格化させていきました。

高度経済成長下、勤労者の所得が向上し「消費革命」が進む一方で、前述のような生活インフラの未整備、公害や有害食品問題の発生、物価の上昇など、市民の生活は多くの困難に直面しました。これらの問題の解決を求め、団地など新興住宅地での住民運動や主婦層を中心にした消費者運動が広がりました。

そのような動きの中で、60年代後半から団地などにおける牛乳の共同購入活動が生協づくりに発展する例などが生まれました。大学生協による地域生協設立支援は、物価や有害食品問題に関心の高い主婦層に歓迎され、各地で主婦層を中心にした新しい地域生協＝〝市民生協〟づくりが進みました。

日本生協連は首都圏に大生協をつくるという構想の下、東京生協を69年に設立、仕入統合部の設置などでその支援にあたりましたが、その経営は軌道に乗りませんでした。北海道の市民生協の経営問題の発生などもあり、日本生協連は70年福島総会で「組合員に依拠した」生協づくりへと方針転換を図ります。

60年代は高度経済成長の下でのくらしや地域社会の変化、消費者運動の盛り上がりの中から新しい〝市民生協〟が誕生し、70年代から80年代の生協運動発展の準備となった時期でした。

2．発展に向けての模索

スーパーマーケット経営へ

１９５０年代、苦闘が続いた地域生協にとって、高度経済成長下の新たな情勢に向かっての基盤強化は大きな課題でした。その一つは店舗のセルフ化など事業経営の近代化であり、もう一つは家庭会・婦人部による組合員組織の強化でした。

日本生協連も60年代に入ると研究会や研修会の開催などを通じて、「流通革命」といわれる情勢やスーパーマーケット（ＳＭ）理論と実際を紹介し、普及に努めました。また、ＳＭを展開するためにも生協を「適正規模化」（大規模化）し、経営の健全化を急ぐことを訴えました。

前章で述べたように、灘生協と神戸生協は、57年にセルフ店第1号を出し、その後も店舗と経営の近代化に力を注ぎました。両生協はＳＭのチェーン展開を目指し、組織・経営の強化を進める中で、62年４月に合併しました。

誕生した灘神戸生協は組合員5万３３００人、「御用聞き」の支部19カ所、ＳＭ６店を持ち、「マ

灘神戸生協甲子園口店の開店風景＝1962年、日本生協連資料室資料から

ンモス生協の誕生」といわれました。灘神戸生協の誕生とその近代的な店舗の展開は、停滞が続いた全国の生協に大きな刺激を与えるものでした。各生協は店舗のセルフ化、ＳＭの出店準備、そのための組織・経営強化への取り組みを強めました。

班組織とその位置付けをめぐって

地域勤労者生協として生まれた鶴岡生協は、当初から小店舗を持っていましたが、１９５６年にそのセルフ化を図りました。店舗のセルフ化を組合員に説明するため小集会が各地で開催されましたが、これを「恒常的なまとまりに定着させよう」と「班」と名付けました。

「班」は49年に発行された『生活協同組合便覧』

に戦前の経験を踏まえて紹介されていたもので、鶴岡生協では同書に学んでつくられた班を職域や農村部にも広げました。同生協は地域勤労者生協として設立されましたが、設立当初から労働組合単位の団体加入は認めず、組合員が個人として出資し運営に参加する生協組織を目指しており、班はその考え方にも合うものでした。

鶴岡生協は班を「生協の基礎組織」と位置付けましたが、班は生協の店や商品について意見を出し合う場であると同時に、物価問題など社会の動きを学び、値上げ反対運動などの取り組みを進める場ともなり、こうした経験が全国に広がっていきました。

すでに見た通り、多くの生協のこれまでの組合員活動の場は家庭会・婦人部であり、日本生協連も日本生協連婦人部の場でその活動を推進していました。しかし、家庭会・婦人部は基本機関の理事会との関係では「利用者である女性の組織」として補助的に位置付けられており、その活動が活発化しても生協運動を全面的に支えるには限界がありました。また、従来、世帯主が組合員となることが一般的でしたが、実際に生協を利用する女性が組合員となることが普通になってきました。そのため、家庭会や婦人部として女性を組織することを見直すことが必要になってきたのです。

日本生協連は62年度活動方針で、初めて班組織の重要性を提起し、これ以降、全組合員を対

鶴岡生協の第1号の班がつくられた鷹匠町1班の班会風景＝山形県生協連『轍　30年のあゆみ』から

象とする班と組合員活動の中核的な組織である家庭会・婦人部の関係についてどう整理するか、論議が続きました。日本生協連は69年に、日本生協連婦人部全国協議会を同婦人活動全国協議会（略称は日本生協連婦人部で変わらず）に改称し、会員生協の組織が婦人部か班組織かを問わない、女性組合員リーダーの集まりとしました。

班組織が広がる中で、組合員の運営参加と活動、特に出資、利用結集が強まり、班の位置付けが高まっていきました。さらに70年代に入ると、班は共同購入の基礎組織ともなり、新たな位置付けと発展を見ることになります。

経営不振とその克服

多くの生協が灘神戸生協や鶴岡生協などに学び、組織・経営の強化に努めました。例えば、「商店吸収」路線の破綻の後の再建過程にあった横浜生協（現ユーコープ）は、その中で「生協運動は消費者運動」であり、家庭の主婦である「組合員自身がすすめる運動である」という方針を確立し、班活動を重視して、組織・経営の強化を図りました。しかし、横浜生協のように再建できた事例は少なく、50年代末から経営不振に陥った多くの地域勤労者生協は、１９６０年代から70年代にかけて解散しました。

多くの地域勤労者生協や広域労働者生協は労働組合単位の団体加入で、一人ひとりの組合員としての自覚的結集が弱く、生協としての独自の組織運営と経営基盤の確立が遅れていました。そのため、安易な店づくりなどを進めて経営不振に陥る例が多く見られました。

そうした中、倒産・解散や経営不振に陥った生協を再建する取り組みも各地で進められました。山口県では小郡生協と防府地区生協が倒産・解散しましたが、63年、灘神戸生協などの支援の下で山口中央生協（現コープやまぐち）が新たに設立されました。山形県の酒田勤労者生協の場合も倒産の後、同生協の労働組合が、生協の労働組合の全国組織である全国生協労協（現生協労連）などの支援を受けて再建活動に取り組み、69年に新生酒田生協（現生協共立社）が発足しました。勤労者生協ではありませんが、大阪の豊中睦生協は灘神戸生協の支援で再建され、67年に大阪北生協として再出発しました（同生協は、２０１１年にコープこうべと合併）。

日本生協連や各地の県連はそれらの生協のほか、鳥取県東部勤労者生協、大阪労組生協、七尾鹿島労働者生協、岡山生協など多くの不振生協の再建支援に追われました。

職域、学校、大学などの生協の動き

職域生協は、１９６０年代も20を超す新設があり、官公庁でも設立が続きました。しかし、民間企業を母体とする生協では朝鮮戦争後の不況を機に独立採算への切り替えを迫られ、主要な職域生協は社宅など居住地への進出を進めました。呉造船生協（68年呉生協、現生協ひろしま）や浦賀造船所生協（現うらがＣＯ－ＯＰ）など、いくつかの職域生協が定款上も「地域化」して新しい発展の道を探ることとなりました。

同様にエネルギー革命の下、合理化、閉山、解雇が続く炭鉱でも、生協の地域化が進められました。北海道では地域化と併せ、三笠、夕張地区では合併を進め、地域生協としての再出発を図りました。九州では地域化した杵島生協（現コープさが）、西彼生協などを除き、炭鉱生協は解散しました。

学校生協でも全学協連が第２次３か年計画（60年～62年）で地域化方針を打ち出しました。宮城、山形の両学校生協は積極的に地域化を進め、地域に出店しました。その後、山形県学校生協の地域部門が83年、山形生協（現生協共立社）となりました。

　65年、全学協連は日本生協連と合併し学協部会となり、事業は学協支所が行うこととなりました。学協支所の通信供給のカタログは、67年に『くらしと生協』と改題され、利用部数も30万部となりました。また、教科書から端を発した員外利用問題から各地で児童向け教材・教具などを取り扱う学校教員用品会社が設立されました。全学協連の合併と並行して、用品事業の強化拡大のための全国組織として、67年に全国学校用品株式会社が設立されました。

　大学生協では、58年に法人化した全国大学生協連への結集を強め、各生協では教育環境整備運動が進められ、また共同仕入事業強化のために全国大学生協連に全国事業委員会が設置されました。人事交流も活発になり、各大学で生協の設立が進んでいきます。

　また、59年に「連合会を軸とした生協相互の同盟的結合を強化していく」ために「同盟化」が提起され、その後、京都同盟体と東京同盟体が発足し、大学生協の事業連帯活動が急速に強化されていきました。

　60年に58だった全国大学生協連加盟単協は65年に91になりました。各地の大学生協が地域生協の設立支援活動に積極的に取り組み、60年代後半からの〝市民生協〟づくりに貢献することとなりました。

日比谷野外音楽堂での「健保改悪反対集会」の模様＝1966年、日本生協連資料室資料から

医療生協、労済生協など

医療生協は１９６３年、日本生協連医療部会で運営委員長の半常勤体制が採られてから、交流や研修など部会活動が活発化しました。鶴岡生協から班活動を学び、医療生協での組合員参加問題などの論議を続け、69年の部会方針で「班は医療生協の基礎組織」と位置付けました。医療という専門性の高い分野の運営で、このような組合員を主体とする位置付けがされたことは「医療生協らしい」運営への前進でした。

医療生協では、「いのちと健康を守る」諸活動が班を基礎に強められていきました。また、この時期には厚生年金還元融資が生協の病院などに適用されたこともあり、施設拡充が進み始めました。

労済生協は63年には46都道府県に設立、全国を網羅し、労済連の下で火災、生命から総合、団体生命、交通災害など共済種目も拡大し、飛躍的発展期に入りました。一方で国労、全逓信労働組合、日教組など産別共済の創設もあり、各団体との調整、統一が課題となってきました。

労働者福祉事業の一環として生協による労働者住宅事業の促進の気運が高まり、日本生協連は66年に住宅部会を設置しました。同年、日本勤労者住宅協会法が成立、同法に基づく事業を住宅生協が受託することとなり、生協による住宅事業もこれまでにない発展を見ました。69年、全国住宅生活協同組合連合会（住宅生協連合会［全住連］）が設立され、同連合会は73年に日本生協連に加入しています（2021年に解散）。

3．連合会の組織整備と共同仕入事業の発展

指導連としての日本生協連は、卸売連合会である事業連と一体的運営を進めました。一方で、全学協連、鉱協連、全国大学生協連がそれぞれ共同仕入れ機能を持っており（連合会の卸売事業ではなく、会員による「共同仕入れ」と位置付けていました）、さらに、いくつかの都道府県連

も共同仕入事業をしていたため、その統一が課題の一つでした。

日本生協連は、1959年に「組織綱領」を決定しました。そこでは、連合会組織の基本を〈日本生協連―都道府県連―単位生協〉として、県連を「指導連」として位置付け、その事業は事業連に統一する方針が採られました。

また、全学協連、鉱協連、全国大学生協連との統一に向けた協議を始めましたが、そのためには日本生協連と事業連の統一が課題となりました。連合会組織をどのように形づくるかという問題は、財政問題や各組織の利害も絡み複雑でしたが、日本生協連と事業連の統一にめどが付く中で、事業連と既設共同仕入機関との統合が先行して進むこととなりました。鉱協連や全学協連などの事業を継承して事業連は東京支所、北海道支所、九州出張所、学協支所を設置しました。

日本生協連は、63年に鉱協連と統合し、65年には事業連と、続いて全学協連と合併しました。これにより日本生協連は総合的な機能を持つ連合会になり、長年にわたる組織整備問題は一応の決着を見ることとなりました。

事業連では、海外の生協に学んで60年から翌年にかけて、初めてCO-OPマークを使用したバターやみかん缶詰、ワイシャツを開発しました。その狙いはメーカーの管理価格などの流

事業連が扱っていたCO−OPマーク商品（2種類のロゴがあるのがわかる）
＝日本生協連資料室資料から

通統制に対抗し、生協独自の商品力強化を目指すことにありました。まだ小売業のプライベート・ブランド（PB）商品はほとんど存在しておらず、生協が自らのマークを付けて商品開発に取り組んだことは、先駆的意義を持つものでした。

コープ商品の開発は日本生協連事業部に引き継がれ、本格的な開発が進められていきます。会員代表による商品開発委員会が確立され、日本生協連婦人部による開発テスト協力が行われるなど、組織的な取り組みとなりました。66年に開発された衣料用洗剤CO−OPソフトは、当時の洗剤による手荒れの問題、「泡公害」と呼ばれた水質汚染問題などに取り組んだ組合員活動と全国5000人の組合員の使用テストなど組合員参加で開発されたものでした。

コープ商品の開発は当初、値上げに反対して開発した「牛乳」やメーカーの管理価格への対抗から開発した「カラーテレビ」のように、組合員により安く安定的に供給することが大きな狙いでした。しかし、69年に人工甘味料チクロが使用禁止になり、有害食品添加物が社会問題になる中で、徐々に「安全」を追求する商品が増加し、新しい〝市民生協〟の70年代からの発展に大きく貢献することになりました。

4. 消費者運動の前進

消費者米価や管理価格反対の運動

高度経済成長が続く中で、公共料金をはじめとする物価の値上げ、有害食品問題の発生（森永ヒ素ミルク中毒事件、サリドマイド薬害事件やカネミ油症事件など）、不当表示問題（缶詰などのうそつき表示、無果汁飲料表示など）が発生したほか、合成洗剤による手荒れや水質汚染問題などが指摘され、消費者運動が住民運動、市民運動とともに多様な広がりを見せました。

1960年代前半は毎年4%~8%の消費者物価の上昇が続き、大きな問題になっていました。全国消団連をはじめ、各消費者団体は消費者米価や公共料金の値上げ反対など物価問題に積極的に取り組みました。

また、当時は生産者や供給者が小売事業者に販売価格を指定することができる再販売価格維持制度（再販制度）が存在していました。生協は再販売価格維持契約の適用除外団体でしたが、生協が指定価格を守らないということから荷止めが相次ぐといった事態が生じ、そのような再販制度や管理価格も問題にしました。大学生協では書籍の再販問題に取り組み適用除外を確認したほか、全国の生協で続いた花王石鹸の荷止めに対して日本生協連は独占禁止法違反の審査請求を行いました。公正取引委員会が審査の上、勧告を出してこの問題は一応解決しましたが、価格への影響力は残りました。

70年にはカラーテレビの国内価格が不当に高いことが問題になり、日本生協連は主婦連や他の消費者団体と共に買い控え・値下げ運動に取り組みました。メーカーの管理価格に反対する運動でしたが、日本生協連は同時にコープ商品としてのカラーテレビの開発を進めました。20インチ型で20万円であったメーカー品に対し、「CO-OPカラーテレビ20サンセブン」は10万円を切る価格を実現し、大きな反響がありました。

有害食品反対や酒の直買運動

インスタント食品など多様な加工食品が出回るようになる中で、グロンサン（ドリンク剤）の効能誇大広告などの不当表示やズルチン、チクロ、サリチル酸など有害な食品添加物を摘発する活動が進み、生協でも取扱商品の見直しと併せて大きな取り組みとなりました。

サリチル酸の追放運動は、酒の直買《じきがい》運動と併せて進められました。酒の直買運動は酒販免許制の不合理を問題にして、メーカーから直接、組合員が購入する運動でした。横浜生協から始まって全国に広がり、サリチル酸不使用の生協の清酒「虹の宴」を1970年に発売しました。こうした運動の高まりに押され、厚生省はサリチル酸を食品添加物の指定品目から削除しました。

賢い消費者から、要求し行動する消費者へ

1960年代前半、さまざまな新しい商品が発売され、くらしが変化する中で、行政の後押しもあって不当表示などにだまされない「賢い消費者」になることが喧伝されました。これに対し、60年代後半になると、日本消費者連盟などの告発型の運動も盛んになり、「賢い消費者から、要求し行動する消費者へ」が消費者運動のスローガンになりました。

生協婦人大集会参加組合員のエプロンデモ＝1965年、日本生協連資料室資料から

このような60年代の消費者運動の前進に、生協および全国消団連は大きな役割を果たしました。日本生協連は、全国消団連と共に幅広い諸団体に呼び掛けて実行委員会を結成し、64年11月、「第1回全国消費者大会」を開催しました。2日間にわたる大会、分科会に全国から2000人が集まり、大会終了後は生協の虹の旗や主婦連の「おしゃもじ」、風船を掲げてのデモ行進を行いました。社会的な注目を浴びたこの大会以降、「全国消費者大会」は毎年秋に開催されることになりました。

また、生協法施行を記念して毎年10月には行政と共に「生協強化月間」が取り組まれていたため、67年からは、「全国消費者大会」の前日に「全国生協大会」も開催され、組合員拡大、増資、コープ商品普及など生協の強化をテーマに、組合員の活発な交流の場となりました。

5．生協運動の新たな展開

大学生協の支援――〝市民生協〟群の誕生

1960年代半ばころから既存の地域生協が低迷し、職域や学校の生協が地域化を模索していきます。その中で、大学生協では物価値上げ反対運動などを通して地域で消費者との提携を強めようという気運が高まり、新しい地域生協をつくろうとする動きが出てきました。この時期、大学生協は学内における基盤を着実に固めつつあり、大学生協間の連帯活動も強化され、組織整備が進んでいました。また、66年にICAは「協同組合原則」を改定しますが、その論議にも触発されて、協同組合理論や地域生協への関心が高まっていました。このような背景の下、大学生協による地域生協の設立支援の方針が練り上げられていきました。

64年、同志社大学生協が京都洛北生協（現京都生協）を、65年、北海道大学生協が札幌市民生協（現コープさっぽろ）を、大学生協東京地連が日本生協連と協力して所沢生協（現コープみらい）をそれぞれ設立支援しました。

　同志社大学生協特販部の牛乳配達から始まった京都洛北生協は、神戸生協の経験者などが家庭係方式（御用聞き）で業務をスタートさせました。北海道大学生協は大学村といわれた教職員居住地で店舗運営を経験、準備しており、札幌市民生協は最初からＳＭを運営し、店舗の急速展開を図りました。所沢生協は厚生年金融資の労働者向け団地の建設運動の中で、生協づくりが取り組まれたものでした。東京の大学生協と日本生協連が支援し、団地内にＳＭを開店しました。

1964年設立の京都洛北生協の牛乳配達風景（上）、1965年設立の所沢生協こぶし団地店（下）＝共に日本生協連資料室資料から

　この3生協の経験を踏まえ、全国大学生協連は67年の総会で地域生協支援の基本的考えを確認し、以降、各地で積極的な取り組みが進みました。北海道では68年から70年にかけて、岩見沢、小樽、函館で北海道大学生協の支援による生協設立が続き

ました。69年には名古屋大学生協が支援する名古屋勤労市民生協（現コープあいち）、岩手大学生協が支援する盛岡市民生協（現いわて生協）、東北大学生協が支援する宮城県民生協（現みやぎ生協・コープふくしま）がそれぞれ設立されました。

また、東京では68年に再建広域化のために法政大学生協による桐ケ丘団地生協支援、70年に早稲田大学生協による戸山ハイツ生協支援が取り組まれました（いずれも現コープみらい）。

60年代後半から70年代にかけて新設されたこれらの生協は、札幌市民生協（69年、市民生協に名称を変更）をはじめ「○○市民生協」を名乗り、また、主婦層を中心に幅広い市民を対象としたことから、地域勤労者生協など既存の生協と対比し〝市民生協〟と呼ぶことが一般化しました。

団地などの生協と共同購入方式の試行

前述したように、１９６０年代は多くの人口が都市へと流入しました。その住居として団地などが大量供給されましたが、そうした新興住宅地では、生活環境の不備、保育園や学校の不足などさまざまな問題が発生しました。このため、これらの身近な問題の解決を求める住民運動が盛んになりました。そのリーダーの多くは、若く、高学歴の主婦層であり、牛乳の値上げ

静岡生協田町売店と巡回供給車＝1960年代、日本生協連資料室資料から

などを機に各地の団地自治会で共同購入が始まりました。それらが生協づくりにつながり、団地生協が各地に誕生しました。65年設立の東京のひばりが丘生協、緑ケ丘団地生協（いずれも現コープみらい）をはじめ、神奈川県や長崎県などで団地生協が設立されました。

68年に設立された東京の生活クラブ生協も団地生協の多くと同様に、牛乳の共同購入の取り組みから発展した生協でした。生活クラブ生協は横浜生協や鶴岡生協などに学び、創立前から班別・予約共同購入を準備しており、初めから店舗を持たない共同購入生協として発足しました。

既存生協でも、横浜生協などでは店舗供給を補完する形で共同購入（特定商品の計画購入）が行われていました。静岡生協では、店舗のほかに販売車による巡回供給を行っていましたが、新しい供給形態を模索する中で独自に共同購入方式を試行し、徐々に班による定期予約共同購入方式を確立していきました。同じころ、関西大学生協の支援で事業の再建に取り組んでいた大阪の千里山生協（現生活クラブ生協大阪）も試行錯誤の中で、グループごとの予約共同購入方式を編み出していました。

多くの生協ないし設立準備会などがこれらの生協から共同購入方式を学び、店舗を持たない共同購入生協が誕生、発展することとなりました。それらの共同購入はこれまでの店舗供給補完型の季節商品や重量品を決められた時期に扱うといったものでなく、生活必需品を定期的かつ恒常的に班やグループごとに予約して購入する方式で、各生協での試行錯誤を経て、徐々に事業として確立していきました。

このように69年から翌年にかけて、大学生協の支援を受けて、あるいは住民運動や消費者運動の中から次々と新しい生協が設立されましたが、この時期はまだ店舗志向の生協が多く、力量不足で事業経営的には苦戦するところが少なくありませんでした。しかし、コープ商品や産直などが生協の商品として信頼を得て、班を基礎とした共同購入方式などが徐々に確立する中で、これまでにない主婦層の関心と参加を呼び、70年代の発展へとつながっていきました。

6. 日本生協連の「地域政策」

「地域政策」の推進と東京生協

新しい地域生協づくりが大学生協の支援などにより各地で進み始めた1968年、日本生協連は「新しい大型生協を積極的に設立」することを主な内容とする長期計画「地域政策」を提起しました。69年総会で「拠点生協作りを中心に県連を軸とした地域政策」を推進することが確認され、県別検討会には36都道府県294生協が参加し、県連ごとに地域政策（発展計画）づくりが進められました。

一方、日本生協連は64年総会で賀川記念事業の一つとして「東京大生協構想」を掲げていましたが、あらためて68年から首都圏生協対策委員会を設置し、その具体化に入りました。対策委員会の構想は、SM型の店舗のチェーン展開ができる、首都圏の核になる生協づくりで、その構想の下、69年5月に東京生協が設立され、日本生協連は、設立準備、出店および設立後の運営の中心を担いました。さらに、横浜生協などの参加により仕入統合部を設置して、日本生協連自体がその資金繰りなどを管理し、チェーンの中心的役割を担うこととなりました。

「福島総会結語」と市民生協問題

しかし、69年に2店舗を開店した東京生協の経営は軌道に乗らず、70年5月の日本生協連第20回通常総会（福島開催）では、東京生協や仕入統合部の運営と経営について厳しい意見が続出しました。日本生協連理事会はそれを受けて「総会結語」を提案し、東京生協や仕入統合部と合わせ、その背景となった地域政策の中の急速成長路線は見直されることとなりました。

この「福島総会結語」は、東京生協に見られた組織運営や店舗づくりを反省し、「組合員に依拠した民主的運営」を原則とするべきであるとうたったもので、それはその後「組合員が主人公」という考え方に発展し、以降の生協運動の発展に大きな影響を及ぼしました。

「福島総会結語」が採択された70年10月、市民生協（札幌）が資金ショートを起こし、日本生協連に支援を要請する事態が発生しました。市民生協は創立以来、急速成長路線を採り、70年度も1年間に15店舗を出店する計画を進めていましたが、資金面だけでなく人材も、商品管理や店舗運営の能力も追い付かない状況であり、日本生協連はその路線の見直しを求めました。「福島総会結語」は、組合員主体の原則的な運営について確認したもので、東京生協の店舗運

「福島総会結語」を採択した第20回通常総会＝1970年5月、日本生協連資料室資料から

営の力量不足に対する反省や、今後の店舗のあり方については触れていませんでした。「結語」自体は店舗事業を否定したものではありませんでしたが、東京生協の店舗経営の失敗や、その後の市民生協の資金破綻などの影響もあって、「店舗否定・共同購入肯定」のように受け取って論じられる面があったことは、その後の店舗事業への取り組みに否定的影響を与えることとなりました。

日本生協連は仕入統合部を解散し、東京生協の運営も単協主体に改められ、72年には「地域政策の総括と今後の進め方」が確認されました。店舗展開については、東京生協や市民生協のつまずきの影響も残りましたが、一方で新設生協が共同購入事業で順調な発展を見せ、70年代の地域生協はこれまでにない新たな飛躍をすることとなります。

7．国際活動と協同組合貿易の発展

日本生協連の国際活動はＩＣＡの場を中心に進められましたが、１９６６年のＩＣＡ第23回大会（ウィーン）では、37年に制定された協同組合原則である①開かれた組合員制、②民主的管理、③利用高配当、④出資金に対する利子制限、⑤政治的・宗教的中立、⑥現金取引、⑦教育の促進の改定が論議されました。そこでは、「政治的・宗教的中立」と「現金取引」の二つを外して「協同組合間協同」を加え、新原則を「①開かれた組合員制、②民主的管理、③出資金に対する利子制限、④剰余金の分配、⑤教育の促進、⑥協同組合間協同」の6原則とすることが提案されました。日本生協連は「政治的・宗教的中立」に替えて「政治・宗教にたいする自由」として積極的に生かすことや班など基礎組織の確立の必要性を主張しましたが、当初の提案通りに採択されました。

国際交流はＩＣＡの場を通しアジアに広がり、64年には東京でアジア協同組合閣僚指導者会議が開催されました。

日協貿による貿易はソ連、中国をはじめ東ドイツ、スウェーデン、アメリカなどに広がり、ソ連からはニシンと数の子の輸入が始まりました。また、60年から61年にかけて集団発生したポリオ（急性灰白髄炎、小児マヒ）に対処するためのセントロソユーズからの補助治療剤の緊急輸入は、多くの患者と家族に喜ばれました。中国とは日協貿が友好商社の指定を受け、ハチミツなど生協の取り扱い商品の輸入が増えることになりました。

第4章 主婦層を中心に、全国に広がる〝市民生協〟(1970年代)

共同購入班での荷降ろし、荷分けの様子＝1970年ごろ、名古屋勤労市民生協『30年のあゆみ』から

1．1970年代の情勢と〝市民生協〟の設立、発展

情勢の特徴――「物不足パニック」など

1971（昭和46）年、アメリカはドルと金の交換停止を声明し、戦後の世界経済を支えたIMF・GATT体制（ブレトン・ウッズ体制）が崩壊しました。日本ではすでに60年代の花形産業だった鉄鋼、自動車、家電で減産の動きが出ており、過剰設備問題が出ていましたが、このドル・ショックで、56年以来続いた高度経済成長は終息に向かいました。

71年には沖縄返還協定が調印され、翌年には沖縄の日本復帰が実現します。しかし、沖縄には膨大な米軍基地が残されたほか、核兵器の撤去にも曖昧な点が残るなど、問題も残りました。

72年、「日本列島改造論」を掲げて登場した田中角栄内閣は、国土再開発、産業と都市の再配備、それをつなぐ高速道路と新幹線などの建設を促進しました。その影響もあり、ドル流入による過剰流動性資金が土地投機などに回り、インフレを昂進させました。

73年10月には、アラブ諸国とイスラエルとの間に第四次中東戦争が勃発しました。アラブ諸

国は石油大幅減産とアメリカなどイスラエル支援国への禁輸といった措置を取り（第一次石油危機）、74年〜75年には30年代の世界恐慌以来といわれる世界同時不況が襲いました。

73年11月に大阪で始まったトイレットペーパー騒動は、洗剤や砂糖などが店頭から姿を消す「売り惜しみ・買いだめ」騒ぎとして全国に広がりました。石油関連メーカーが「千載一遇のチャンス」として値上げに走ったほか、多くの業種でカルテル行為が行われ、消費者を不安に陥れました。

物価は急騰し、74年2月には卸売物価が前年比137％に、消費者物価は同126％にもなり、電気料金など公共料金の大幅値上げが続きました。消費者は「物不足・狂乱物価」に振り回されましたが、その中で消費者運動が盛り上がり、各地で生協づくりが広がりました。

不況の中でのインフレ（スタグフレーション）の下、企業は「減量経営」に努め、人員削減、自動化、省エネなどを進めました。アメリカ向けを中心に自動車、家電、半導体や精密機械などの輸出を伸ばし、日本経済は70年代後半には輸出主導により景気を回復、年率5％強の伸長を続けていきます。これにより対米黒字が急増した結果、日米貿易摩擦が政治課題となり、「牛肉・オレンジ戦争」といわれた市場開放をめぐる両国政府の論争は農業関係者を巻き込み、消費者の関心も高めることとなりました。

なお、60年代後半から原子力発電の商用化が進められていき、74年の電源三法の成立などもあり、各地で原子力発電所の建設が進みました。

60年代後半から広がり始めた革新自治体の動きは「地方の時代」「住民参加」という気運を高め、75年の統一自治体選挙の後には10都府県、138の市が革新首長という状況を生みました。しかし、その前年の74年からの不況と国・自治体の財政難の中で、政党間の連携関係の変化もあり、78年に京都府、沖縄県、東京都の知事選挙で相次いで保守系候補に敗れるなど、革新自治体は数を減らしていきました。

70年代は光化学スモッグ、酸性雨による大気汚染や河川・近海の汚染など公害問題に始まったさまざまな問題が、開発に対する反対や自然保護などの「環境問題」への関心へと広がり住民運動、市民運動が全国的な高揚を見せました。革新自治体が先導する形で行政にも取り組みが広がり、71年には環境庁が設置されています。消費者運動も物価高や食の安全などを取り上げ、テーマも参加者も大きく広がりました。

1970年代の生協運動の特徴

1960年代後半から大学生協の支援による、あるいは団地自治会などによる新しい生協＝

〝市民生協〟づくりが始まりましたが、70年代に入ると新しい生協の設立は一層活発に進められました。

それら新設生協によって都道府県庁所在地と大都市に生協組織が確立し、70年度から80年度の間に組合員は275万人から672万人に倍増、総事業高は1960億円から1兆1081億円と5倍以上に拡大しました。組合員数の伸長は既存生協の拡大を含め首都圏や大阪、神戸、福岡、札幌など大都市圏で特に顕著でした。

70年代の〝市民生協〟の設立と発展は、主婦層を中心とする組合員自身による「出資・利用・運営参加」を三位一体とした実践、組合員の活発な活動と組合員参加の事業に支えられた点や、その組織・事業が全国の大都市に大きく広がったのが特徴で、質量共にそれまでにない発展といえるものでした。

地域生協に限った数字を見ていくと、総事業高は70年度の791億円から80年度は6758億円へと8・5倍の伸長があり、組合員数も79万人から292万人となりました。50年代末から60年代にかけて、地域勤労者生協や広域信販生協などが後退、解散する中でも、生協運動における地域生協の比重は80年度には組合員数で43%、供給高で61%を占めるようになりました。組合員を主体とする活発な活動の中で、主に〝市民生協〟群を主体とする地域生協が日本の生協運動の中心的担い手になっていきました。

生協の事業は店舗が中心でしたが、新設生協の多くは若い主婦層が担い手となって共同購入を発展させました。班を基礎とする運営とコープ商品、産直品などの独自商品に支えられた共同購入が事業として模索・試行され、70年代後半から諸システムも充実していく中で、業態として定着しつつありました。共同購入の供給高は、80年度で1790億円となり、総供給高の20%を占めるまでになりました。共同購入は生協事業の一つの柱に育ちつつあり、80年代の生協運動の飛躍的発展を担うことになります。

2.〝市民生協〟の設立と全国的な発展

120を超える〝市民生協〟の新設

高度成長の下で勤労市民層のくらしは向上しましたが、一方で公害問題など生活環境への不安を呼び、大量生産・大量消費社会は加工食品の不当表示や有害食品などの新たな問題を引き起こしました。1973年の第一次石油危機と「物不足・狂乱物価」は消費者の怒りを呼びま

水戸市民生協設立当時の20㎡の店＝1971年、水戸市民生協『十五周年記念誌』から

したが、消費者は同時に共同購入活動などに取り組み、集団で生活防衛に立ち上がりました。

60年代に団地など郊外に居住する勤労世帯が急速に拡大しましたが、その中心は若い核家族であり、その主婦の多くが家事専業でした。家電製品の普及などにより主婦の家事以外の自由時間も大幅に増加したほか、安保闘争や大学紛争などの時代に学生生活を送った層の比重も高く、消費者運動、市民運動に関心を持つ人が多くいました。そのような主婦層の物価高や食の安全への高い関心とニーズが、身近で参加しやすい生協活動へと結び付き、その活動に支えられて70年代の生協は今までにない発展を見ることになりました。

60年代後半から始まっていた、大学生協による地域生協づくりの支援活動も全国的に広がりを見せました。地域生協は65年～70年に39生協が新設されましたが、70年代に入るとさらに加速し、71年～75年には85生協、76年～80年には43生協が設立されています。70年代に新しい地域生協が設立された37都道府県のうち、25都道府県で大学生協が設立支援に当たっていました。大学生協はその他の県でも既存生協への支援を行っています。大学生協のこうした支援活動は、この時期の日本の生協運動のこれまでにない発展に大きく貢献しました。

地域生協の組合員は10年で4倍弱に

日本生協連が実施する全国調査『生協の経営統計』によると、71年度の実勢は生協数538組合、組合員数342万人、総事業高2241億円で、そのうち地域生協は186組合、80万人、1030億円でした。地域生協は灘神戸生協を除くと1生協の平均が組合員3000人、事業高2・9億円と小規模でした。

しかし、70年代に入って新しい生協の設立が全国に広がったことと、灘神戸生協など既存生協や60年代後半に設立された生協の大きな発展があり、組合員数も事業高も飛躍的に拡大しました。その拡大発展のスピードは速く、地域生協の組合員は70年度～75年度に105万人増、75年～80年にも108万人増えて80年度には292万人となり、10年間で3・7倍になりました。

生協全体の組合員は、80年度までの10年間で2・4倍、672万人となりました。

組合員数の伸長は、特に首都圏や大阪、神戸、福岡、札幌など大都市圏で著しいものがあり、先述のように新設生協を中心に県庁所在地をはじめとする全国の大都市に生協組織が確立していきました。地域生協組合員世帯の総世帯に占める割合である組織率も71年度の2・6％から80年度には8％となり、都市によっては1割を超えるようになりました。

組合員主体の運営の前進

このような大きな発展を支えたのは、組合員の運営と活動への参加でした。各生協は班組織と班を基礎とした運営組織の確立を進めました。

これまで組合員組織は家庭会や婦人部として組織され、組合員活動は家計、商品、食生活を中心とする「くらしの研究活動」として進められる例が多く見られましたが、班組織の確立、拡大の中で運営委員会（地区別、店舗別）などがつくられ、理事会にも組合員理事が参加するなど組合員の運営への参加と主体的な活動が広がりました。

増資や組合員拡大、利用結集が班を基礎に組合員自身の活動として取り組まれるようになり、そのような活動が「班の約束事」として定着していきました。

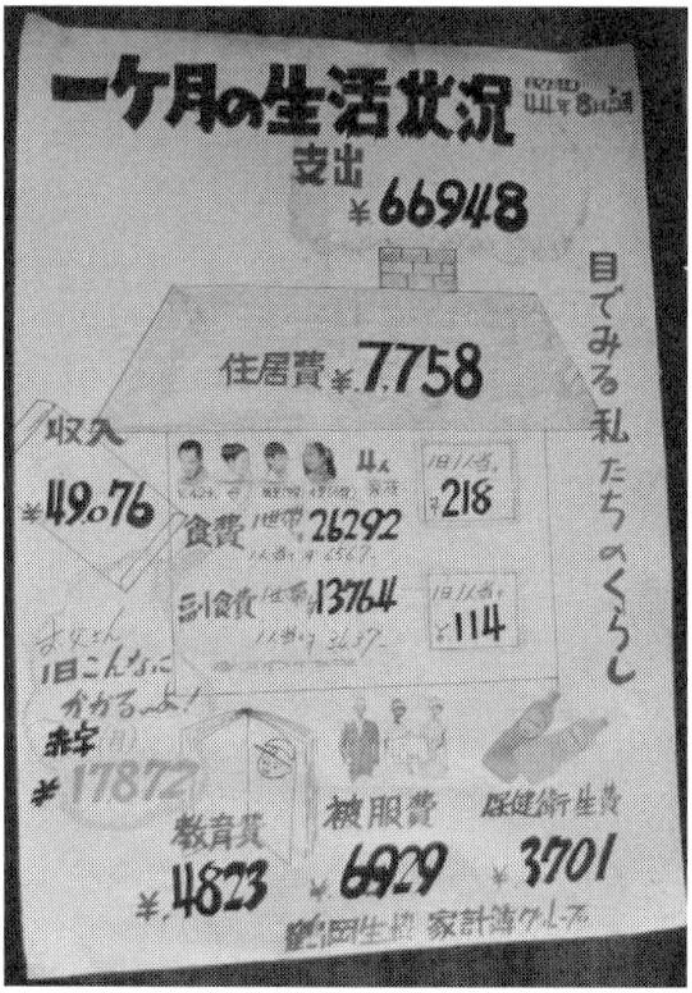

日本生協連婦人部総会での鶴岡生協家計簿グループの発表＝1970年、日本生協連資料室資料から

また、商品などの専門委員会のほか、多くのテーマで委員会やグループがつくられ、活動の幅が広がりました。特に商品については、有害な添加物問題など消費者運動と結合しての学習、産地や工場などへの見学・交流活動や商品開発・普及活動などへの参加が盛んに行われるようになり、事業と活動が一体的に進められるようになりました。

しかし、１９７０年代後半からは、組合員の脱退率の高まりや班の解散が問題になってきました。働く女性の増加や価値観の多様化を背景に、班活動のあり方、班長や当番の負担感の大きさなどが問題となりました。特に、班での組合員の共同作業に依拠する共同購入の仕組みが問題となり、後述のように先進生協では新しいシステムの導入が検討されていきました。

県内連帯と拠点生協づくり

1970年の福島総会以降、日本生協連では地域政策の見直しが取り組まれました。それを受け、各県連では地域での生協づくり、連帯強化のための新しい「地域政策」論議と計画策定が進められました。新しい生協の誕生や消費者運動の高揚に伴い、各県で県連の再建・強化が進み、商品力強化などの課題を軸に県内での連帯が模索されました。

九州の生協の活性化と連帯のために再確立された「九州生協協議会」第1回総会＝1970年4月、日本生協連資料室資料から

70年に日本生協連の会員である都道府県連は25に過ぎませんでしたが、75年に35県連、80年には40県連となりました。これらの県連は日本生協連の取り組みに呼応し、県生協大会や組合員交流会の開催、さまざまな消費者問題についての統一行動に取り組みました。70年代には各県で消費者団体が共同で運動を進めるための消団連（消費者団体連絡会・協議会）づくりが進み、80年には18の県連が消団連に参加、事務局を担うなど重要な役割を果たしました。

日本生協連は、新「地域政策」と初めての全国中期計画（76年）で「連帯促進と拠点生協づくり」をうたいましたが、いくつかの地域では県内連帯が進み、合併などによる「拠点生協」づくりが始まりました。北海道での市民生協（札幌）を中心とする北海道中央市民生協など3生協統合、神奈川県での横浜生協を軸とした5生協合併、東京での都民生協中心の3生協合併などがあり、山形県や宮城県など多くの県で合併を目指す連帯が前進しました。

なお、九州では60年代から九州生協協議会が県域を越えて交流活動を進めていました。77年には首都圏の中小生協による「首都圏生協事業連絡会」（後のパルシステム連合会）が発足するなど、県域を越えての交流・連帯が進んでいきました。

3. 店舗展開と共同購入の発展

売場面積は10年で2倍に

流通業では、1972年にダイエーが売上高で三越を抜いて小売業のトップとなるなど、70年代にはビッグチェーンが伸長を見せ、79年には上位4社をビッグチェーンが占めるまでになりました。

一方、74年にイトーヨーカ堂がコンビニエンスストアのセブン‐イレブンを、翌年ダイエーがローソンを開店するなど、各種業態での大手チェーンの面展開が進められました。同年、「大規模小売店舗における小売業の事業活動の調整に関する法律」（大店法）が施行され、生協はその対象外とされましたが、生協の出店についても規制が強められることとなりました。

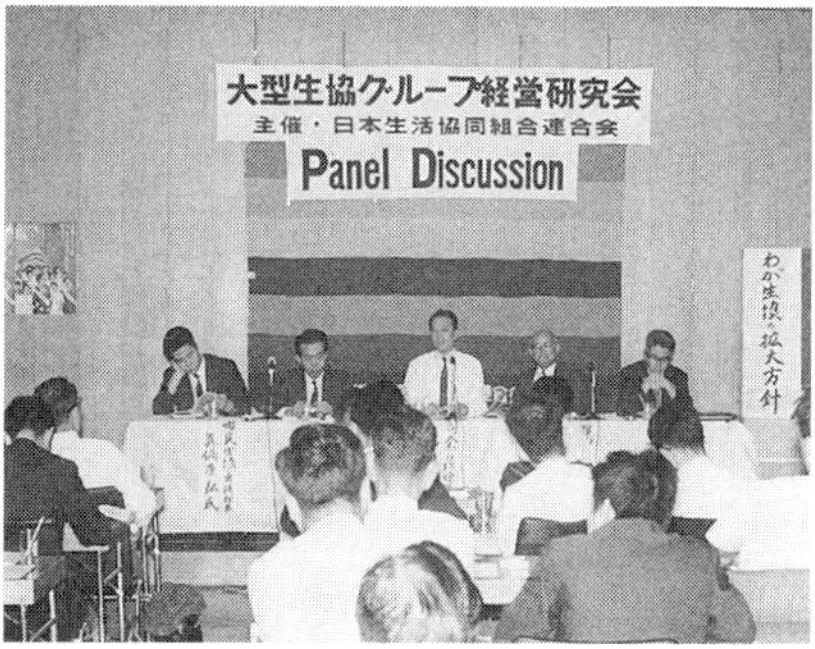

「大型生協グループ経営研究会」＝1970年6月、日本生協連資料室資料から

60年代後半から70年代初めに設立された新しい生協の中には、もっぱら共同購入で事業を展開する生協もありましたが、多くの生協は共同購入と併せて店舗展開を追求しました。既存生協も含めて70年代の生協の事業の中心は店舗であり、北海道、東北、関東や近畿ではSMを中心に出店も積極的に取り組まれました。生協の店舗事業は10年間で売場面積を約2倍に拡大し、店舗供給高は4倍以上の伸長を見ました。80年度の全国の生協の店

横浜生協舞岡店の開店祝賀会＝1973年、日本生協連資料室資料から

舗事業は１５７３店（うち地域生協６７６店）、売場面積70万㎡（同50万㎡）、供給高６３０５億円（同４５９１億円）でした。共同購入の伸び率も高かったものの、80年度の供給高は１７８９億円で、店舗はその３・５倍の規模がありました。

大手チェーンが全国展開を進め、その展開に生協の店舗事業は立ち遅れましたが、まだこの時期は出店立地などに適した条件の物件があり、出店することができました。

しかし、設立間もない生協の多くは店舗事業で苦戦し、既存の生協も灘神戸生協などを除くと店舗業態とチェーン経営のあり方についての模索が続きました。日本生協連の場などでの店舗問題での交流、研修などの取り組みも十分でなく、経営的には苦戦するところが多く見られました。

共同購入とコープ商品、産直

新設された〝市民生協〟群の多くは設立時から共同購入を展開しましたが、1970年代の前半はそれを事業として確立させるための試行錯誤が続きました。共同購入は、定番チラシ掲載商品の月1回、週2回などの配達から、徐々に週1回の定曜日配達となり、商品も牛乳や卵、野菜・果物、加工食品、雑貨に加えて日配品・冷凍品などの要冷蔵・冷凍商品の取り扱いが始まりました。

共同購入の大きな発展を支えたのがコープ商品と産直品の開発、普及でした。73年秋の物不足パニックは、生協の商品や共同購入にも一定の混乱を与えましたが、それを組合員の知恵と協同の力で乗り越え、生協とコープ商品への信頼を高めました。物不足パニックを経験した各生協では、日配品などを手始めに独自のコープ商品の開発を組合員参加の活動として進めました。

漂白剤を使わない小麦粉・パン、無着色の数の子・たらこ、リン酸塩不使用の練り製品、あるいは、リンやLASを使わない洗剤など、「安全・安心」を追求したコープ商品は日本生協連、会員生協双方で急速に伸長しました。酒の直買運動はサリチル酸の排除、表示問題、管理価格問題などで成果を上げ、清酒「虹の宴」などのコープの酒類を誕生させました。日本生協連は、その経験からイギリスの生協と提携してのコープウイスキーの開発なども進めています。このような生協の取り組みはメーカーの商品や大手小売業のPB商品にも影響を与えることとなりました。

商品事業における連帯は日本生協連を中心に進められ、各地方支所は会員生協の共同仕入れの場として、運営委員会や開発委員会の活動が活発に行われました。支所は共同購入のあり方や担当者の交流・研修の場としての役割も果たしました。

コープ商品に並ぶ柱となったのは、生協と生産者が提携することによって、生鮮品やその加工品を組合員に届ける産直でした。「産直」とは「産地直結」の略で、多くの新設生協が設立される際には牛乳や卵、野菜・果物などの産直が大きな役割を果たしました。産直は組合員参加の商品開発としてだけでなく、組合員・消費者と生産者・農民の交流としてさまざまに発展し、一般の生産や流通にも影響を与えることとなりました。

共同購入の物流やシステムの近代化

コープ商品や産直品を中心に共同購入の取り扱い品目が増え、その仕入れ、保管、仕分け、積み出しなどの商流・物流とそのシステムの近代化も進みました。1979年に、かながわ生協（現ユーコープ）の開発したＯＣＲ（注文用紙の光学読み取りシステム）など先進生協のノウハウと経験が交流され、短期間に全国的に広がったことは、生協らしい特徴といえます。これらの取り組みによって共同購入の供給は急速に拡大しました。

共同購入は、物流や情報システムなどを含め70年代末から80年代初期にかけて、業態として確立していきました。「注文の集計や集金の手間など共同購入は面倒」といった不満が徐々に改善され、共同購入は80年代に一層の発展を見ることとなりました。

4. 急速な拡大と生協経営

１９７０年度から75年度に、地域生協の組合員は１０５万人増となり2倍以上に増えましたが、職域生協などでの伸び率も高く、生協全体で組合員は２３９万人増、１・９倍になりました。出資金は２・９倍、さらに総事業高も物価上昇もあり２・９倍に伸長しました。

全体としては急速な規模拡大でしたが、新設生協が多かったため各生協の規模は小さく、経営基盤は脆弱でした。日本生協連会員統計では71年度の供給高対純剰余率は０・８％で、75年度も0・7％にすぎず、地域生協だけで見るとその約4分の1が赤字経営でした。

一方で新卒者の採用難が続き、急速成長の下での経営と内部運営の確立、人材育成などが各生協に共通する課題でした。多くの生協は順調な規模拡大に助けられ、経営破綻に陥ることはありませんでしたが、地域勤労者生協として運営されてきたいくつかの生協が旧来の体質を改善できず、経営破綻を来しました。50年代に労働組合が中心になって設立した岡山生協が74年に不渡り手形を出し、長野県では飯田地区労が母体となって設立した飯田生協が80年に経営破綻しました。共にトップのワンマン経営や粉飾決算などの問題がありましたが、岡山では生協の労働組合員中心の再建活動が、飯田では日本生協連、県連による支援があり、それぞれが組合員を主体とする運営で再建の道を歩みました。

5．くらしと健康、平和を守る活動の発展

全国組合員活動交流集会はじまる

これまで多くの生協では、主婦組合員の活動の場として家庭会や婦人部が組織され、日本生

婦人部全国総会に代わって開催されることになった「第1回全国組合員活動交流集会」＝1977年、日本生協連資料室資料から

協連の全国婦人活動協議会に結集して活動を展開していました。1970年代に入ると班を基礎に地区運営委員会、各種委員会やサークルなど、理事会との関係で新しい組織運営が確立し、家庭会・婦人部組織の見直しが進められました。

日本生協連では77年、全国婦人活動協議会の活動の成果を引き継ぎ、全国組織活動委員会を設置、その下に家計・商品の専門委員会を発足させました。そして、同年には第1回全国組合員活動交流集会が開催され、毎年開催されることで全国の組合員活動の交流、共同行動は一層盛んになりました。

物不足パニックの下で――灯油裁判など

1973年、中東諸国の石油輸出削減を契機に起きた第一次石油危機で、消費者物価は「狂乱物価」といわれるほどに一斉に値上がりし、灯油をはじめ、国鉄運賃や電気料金など14種の公共料金の値上げが続きました。日本生協連は全国消団連と共に、さまざまな消費者団体のほか、日本青年団協議会（日青協）などとも幅広く提携し、狂乱物価への抗議、反対の取り組みを進めました。この1年間の全国および地方消団連の統一行動は110回にも及びました。

石油業界は「千載一遇のチャンス」とばかりに、灯油などのカルテル行為に走りましたが、生協は全国消団連などと値上げに反対するとともに、灯油問題では初めて消費者が集団で取り組む消費者訴訟として灯油裁判闘争を展開しました。鶴岡生協の1600人を超える組合員が民法による「損害賠償請求訴訟」を起こし、川崎生協（現ユーコープ）の組合員と主婦連の会員は、独占禁止法による「無過失損害賠償責任」の訴えを起こしました。ともに山形地裁鶴岡支部と東京高裁で行われる公判への傍聴、公正な判決を求める全国的な署名など粘り強い取り組みを続けました（詳細は次章）。

物価値上げ反対や消費税導入阻止などの取り組み

1970年代の消費者運動は、カラーテレビの輸出価格と国内価格の二重価格問題から始ま

「一般消費税の導入を絶対に許さない国民総決起集会」＝1979年10月、日本生協連資料室資料から

り、公共料金など物価値上げ反対や化粧品などの再販売価格維持制度反対などの運動に取り組みました。米の物価統制令廃止・自主流通米問題、牛乳の値上げ問題、米穀や酒の小売り免許問題などが課題となりましたが、生協は商品取り扱い上の対応を含め取り組みを進めました。

70年代後半には市場開放をめぐる「牛肉・オレンジ戦争」が始まり、生協でも食料の自給をめぐる論議が活発化しました。

78年、大平正芳内閣が一般消費税の導入を提起しました。生協は73年ころから「付加価値税など新税導入反対」の取り組みを進めており、79年には、消費者団体をはじめ中小企業者も含む運動を盛り上げ、その実現を阻止しました。「国民総決起集会」へは全国の生協から約5000人の組合員が参加し、生協だけで350万人分の反対署名を集めるなど、生協はその運動で中心的役割を果たしました。

有害商品追放と公害・環境問題

1960年代の高度経済成長のマイナス面が70年代に公害や食の安全問題として噴出しました。食品の安全をめぐってはチクロ（人工甘味料）、AF2（殺菌剤）、過酸化水素などが、運動の成果として72年までに食品添加物から削除されました。引き続き、サリチル酸、タール系色素などの添加物やPCB、水銀、塩化ビニール、農薬残留・動物用医薬品などが問題となり、全国の生協では商品の見直しとともに、食品添加物などの化学物質に関する学習活動などが広がりました。併せて食品添加物規制強化や輸入食品の安全確保など国への制度要求に取り組みました。

光化学スモッグや酸性雨は、多くの人に公害問題を身近な環境問題として認識させ、生協では大気、水、土壌の汚染を測定するなど組合員による調査活動が広がりました。水環境問題では、合成洗剤と石けん問題など取り扱い商品の問題としても取り組みを強めました。琵琶湖の富栄養化問題、錦江湾(鹿児島県)の汚染などでは地元生協の取り組みが行われ、全国でもリン・

原水爆禁止世界大会＝1978年、広島。日本生協連資料室資料から

ＬＡＳ洗剤規制要求が取り組まれました。公害・環境汚染に反対し、森永ヒ素ミルク事件、カネミ油症事件などの被害者支援活動も進められました。

反核・平和の取り組み

１９７７年、「核兵器ノー」の運動が世界的に広がる中で、14年ぶりに原水爆禁止世界大会の統一開催が実現しました。日本生協連は、日青協や全国地域婦人団体連絡協議会（全地婦連）など、青年・婦人・市民団体の一つとして参加しました。78年の第1回国連軍縮特別総会（ＳＳＤＩ）には、全国から代表と国連への署名（１１２万筆）を送り、この年から世界大会成功のために生協独自集会が企画されました。この生協独自集会が後に、平和活動のイベント、ピースアクションinヒロシマ・ナガサキの一企画である「虹のひろば」となっていきます。

その後、生協の反核平和の取り組みは原爆展、平和コンサート、被爆者との交流など子ども企画を含めてさまざまに展開され、生協は反核平和に取り組む市民組織の中核として運動の統一的な発展に貢献することとなりました。

79年の国際児童年にはＩＣＡの呼び掛けに応え、「バケツ一杯の水を送ろう」の取り組みを成功させました（カンパ１９００万円など）。この経験から、全国の生協は世界の子どもを守る運動としてユニセフ活動への取り組みを始めることになりました。

6．各分野の生協の発展とＣＯ・ＯＰ共済

１９７０年代、職域、大学、学校の生協も、地域生協の取り組みに学び、それぞれ組合員の利用・出資・運営参加を重視する「原則的運営」を強め、組織・事業の強化に努めました。
職域生協――職域生協も70年代は県庁、市役所など官公庁や民間企業での設立が続きました。70年と80年で比較すると組合員は45万人から66万人に、事業高は５７０億円から１３５０億円

に拡大しました。大手職域生協の地域化が進み、それら「居住地職域生協」と「職場職域生協」との格差が大きくなりました（80年度の組合員数平均で1万2000人対3000人）。

一方、炭鉱生協に続き、室蘭（日鋼）生協や生協水光社などかなりの数の生協が、定款上も地域生協化しました。

学校生協——学校生協は60年代から70年代にかけて数多く新設され、80年に日本生協連学校部会の会員は51生協となりました。学校生協は事業面では通信供給、共同購入、巡回供給など自主供給の拡大強化に力を入れ、組織面では地域化を推進しました。75年段階では、地域化政策を実践している生協は、宮城、山形に続き、熊本、長野、長崎、青森などでした。さらに、経理事務を中心とした電算システムの導入とともに、財務諸表の統一を進めることになりました。また、物流の増加に伴い、75年には草加配送センターを確保し、自主配送体制を整えました。

大学生協——大学では60年代末から70年代初めに全国的に学園紛争が起こり、生協の運営と活動にも影響を与えました。全国大学生協連は「生協運動からの暴力行為追放」を決議しましたが、九州など一部では暴力問題をめぐる対立も発生しました。

全国的には大学生協の設立が続き、70年の128生協が80年には143生協となり、連帯活動が東京、京都、東海などでの同盟化＝事業連合づくりとして進みました。

「医療危機突破」のデモ行進＝1971年、日本生協連資料室資料から

医療生協――各地で新しい医療生協の設立が続き、日本生協連医療部会の会員は70年の70生協が80年に１０５生協となり、組合員は33万人から60万人に拡大しました。

各生協では、組合員の拡大、増資運動に取り組み、診療所・病院を増やし大型化を進めました。地域生協も「いのちとくらしを守ろう」をスローガンにしていましたが、医療生協は組合員自身の健康を守る（保健）活動と併せ、健保・医療保障の改悪反対などの活動を展開しました。

全労済とCO・OP共済――70年代に、生協の共済事業は労済生協を中心に発展し、県労済の地域統合を進め、中央労済、近畿労済などへの統合を強めました。共済制度の充実と併せ全国統合を目指し、76年には労済連は略称を「全労済」（現こくみん共済 coop）と改称しました。

日本生協連では75年、創立25周年記念事業の一つとして共済事業の開始を決定、地域生協の主婦組合員を対象にした助け合い共済として、その準備を進めました。そして、78年に全労済と「CO-OP共済に関する基本協定」を結び、翌79年、全労済の協力の下に「CO・OP共済」を発足させました。なお、日本生協連はこれに先立って73年、全国の生協役職員のための共済会を創設し、役職員共済を開始しています。

7. 生協法改正要求と生協規制の動き

各地に新しい生協が誕生し生協運動が拡大していったことを背景に、日本生協連は生協運動発展に向けた環境整備のため、1969年、70年と生協法改正要求（地域制限撤廃など）、公的融資や営業免許の条件改善要求を掲げて政府、国会への要請行動を展開しました。72年には生協法改正対策本部を設置し、請願運動などが取り組まれました。

消費者運動の高揚の中で、68年に消費者保護基本法が制定されたこともあり、この時期には革新自治体を中心に、自治体による生協への融資や助成策拡大の動きも見られました。こうした背景と全国の生協の働き掛けの下、72年、75年と衆議院物価対策委員会で、生協法改正の検討や生協育成のための「必要な助成」などが決議されました。厚生省も生協法改正案を準備す

「生協規制反対中央統一行動」で積み上げられた「300万人署名」の一部＝1977年1月、日本生協連資料室資料から

るなど、これまでになく生協への支持が広がりました。

しかし、76年以降、逆に生協の出店反対などの動きが札幌、仙台、東京、横浜などで起こり、自治体が指導要綱を出すなど生協規制の動きが激化しました。77年、小売商業調整特別措置法（商調法）と大店法の改正案の中に生協規制が盛り込まれ、生協側の要求とのせめぎ合いとなりました。

日本生協連は、全国の組合員などから集まった1611万筆の署名などを背景に国会対策を強め、商調法、大店法の改正からは生協規制を排除させるとともに、78年に「生協育成、生協法改正」の国会請願を採択させました。しかし、反生協の動きは強く、自治体での条例、要綱による生協も含む出店規制は強化されました。80年代、さらに生協規制の動きは強化されることになります。

8. 国際交流の進展と協同組合間貿易

日本生協連第一次欧州視察団＝1972年9月、日本生協連資料室資料から

これまで生協の国際交流は日本生協連を中心にＩＣＡの諸会議への参加や、ソ連、中国などとの交流にとどまっていましたが、70年代に入ると会員生協の役職員によるヨーロッパやアメリカ・カナダへの視察団の派遣が続けられ、先進国の生協に学び、交流を深める活動へと広がりました。その皮切りになった第一次欧州調査団は72年のＩＣＡ第25回ワルシャワ大会への代表派遣と連動して企画されました。

そのＩＣＡ第25回大会では、日本生協連は班活動などの報告をして「組合員民主主義の重要性」を主張し、76年の第26回パリ大会では「平和決議」を提案、反核平和を訴えました。

日協貿による協同組合間貿易はソ連、中国を中心にカナダやフィリピンなどにも広がり、数の子、筋子、イカ、エビなど組合員に供給される商品が増えていきました。イギリスのウイスキーや中国の繊維品なども含め、日協貿は生協の貿易部として期待されるようになりました。

第5章 生協規制を克服、飛躍的発展へ（1980年代）

「4.8 くらしを守り、生協規制に反対する全国生協組合員大集会」に続々と集まる全国の組合員＝1986年、日本生協連資料室資料から

1．1980年代の情勢と生協運動の飛躍的発展

1980年代の情勢――新自由主義の台頭とバブル経済

1979（昭和54）年のイラン革命で世界経済は第二次石油危機に見舞われ、「世界同時不況」といわれる状況に陥りました。日本も長期の不況に入り、石油多消費型の重厚長大産業から情報先端技術産業を目指し、技術革新と産業構造改革を進めました。

この時期に誕生したアメリカのレーガン政権、イギリスのサッチャー政権は共に「小さな政府」を標榜し、新自由主義的な経済政策を推し進めました。82年に発足した日本の中曽根康弘内閣も、アメリカへの協調とともに行政改革（財政再建）、民間活力重視を打ち出し、市場開放と輸出拡大を進めました。

行革・民活路線の下、国鉄の民営化などが進められたほか、医療費の自己負担の引き上げや大型間接税導入の動きには多くの消費者の批判が集まりました。こうした政治の動きと並行して、民間企業系の組合が主導する形で労働運動の再編も進みました。89年には、それまで日本

の労働運動の最大勢力であった総評など労働4団体が統合して、日本労働組合総連合会（連合）が発足しました。

86年末から景気は回復したものの、ドル安・円高が急速に進みました。円高は輸出産業にこれまでにない打撃を与え、生産拠点の海外移転など「産業の空洞化」が進むことになりました。急激な円高は「円高不況」を生み、政府は公定歩合の引き下げと財政支出による経済刺激策をとり、公共投資、住宅投資が拡大しました。その金融、財政政策により株や土地が値上がりし資産インフレを起こす一方、それを背景に消費も拡大し、商品の多様化、高級化が進みました。

日本経済は株価が86年～89年でちょうど3倍高に、六大都市の地価は86年～91年で2・7倍高になる「バブル」状態となりました。政府は89年、90年と公定歩合の引き上げを行うなど軌道修正を図り、バブルは崩壊しました。バブル経済は実体経済との隔たりがあまりに大きかったため、その崩壊はその後長期にわたって多くの人々を苦しめることとなりました。

流通業界では、大手チェーンはローカルチェーンの吸収などを含めシェアを拡大し、大型店と併せコンビニエンスストアの展開も進めました。長時間営業のコンビニは、その利便性から消費者に歓迎され、ＰＯＳ（販売時情報管理）を活用したシステムの高度化によって急速に拡大しました。

そのような中で、近代化の遅れた小売業団体は大型店の規制を求めました。82年、大店法による出店抑制措置強化策が取られましたが、小売商団体はビッグチェーンの出店反対などと併せ、生協への規制強化の要求を強めました。各地で出店をめぐるトラブルが発生し、中央でも生協規制強化の政治的な動きが強まりました。80年代は生協規制の嵐が吹き続いた年代であり、それに抗し組織・運営の強化と社会的理解・支持を得るための努力を重ねた10年でした。

消費者をめぐる問題としては、財政と貿易の「双子の赤字」を増大させるアメリカとの間で日米経済摩擦が激化する中、アメリカからの圧力の下での食品添加物などの食の安全基準の緩和や米などの農産物の自由化が焦点となりました。81年の厚生省によるアスパルテームなど食品添加物11品目の追加指定やBHA問題、86年以降のガット・ウルグアイラウンドの進展の中での輸入食品の急増とポストハーベスト問題、畜肉の成長ホルモンや抗生物質、放射線照射食品、残留農薬問題など食の安全をめぐる問題や農産物の自由化などが問題となりました。

また、79年に発生したアメリカのスリーマイル島原子力発電所の事故や86年に発生した当時のソ連のチェルノブイリ原子力発電所の事故は、原発の安全性に疑問を投げ掛けるものでした。

くらしを守る課題として大型間接税導入反対の運動が、生協など消費者団体の共同行動で取り組まれました。89年に消費税として導入されましたが、その後も反対の意思表示をする取り組みがさまざまに進められました。

1980年代の生協運動の特徴

1970年代に続々と設立され、生協運動の新たな担い手となった〝市民生協〟群は、引き続き活発な組合員活動に支えられて全国にくまなく広がり、日本の生協運動は80年代に質的にも量的にも今までにない発展を見せました。

組織・事業の拡大と併せ、組合員の活動が商品活動（学習・試食や重点商品の投票、生産者との交流など）を中心に食の安全問題、環境問題、消費者問題、食生活・健康、平和、教育・文化、福祉・助け合いなどと広がり、その取り組みは生協の社会的ポジションを高めました。

70年代を通じて、新しい〝市民生協〟を中心に、生協の運営と活動は、班を基礎にした「出資、利用、運営参加」を一体的に進める組合員自身の活動を基本に据えたものとして確立していきました。80年代にはその「組合員が主人公」の運営と活動が定着したこと、一方でコープ商品や産直品への信頼が高まり共同購入の業態としての確立が進んだことが、飛躍的発展の大きな要因となりました。

80年度末の全国の生協は組合員672万人、総事業高1兆1081億円と、10年前に比べると組合員数は2倍以上、総事業高では5・7倍の規模になっていました。80年代にはさらに飛躍的な伸長を見せ、組合員は85年度に1000万人を超え、90年度には1410万人（80年度の2・1倍）になりました。総事業高も90年度には2兆7772億円（同2・5倍）に達しました。

地域生協の組合員は80年度の292万人から90年度は916万人に増え、世帯加入率は、80年度の8％から90年度には22％へと拡大しました。組合員は都市部の消費者・主婦だけでなく、農村部を含むさまざまな階層に広がりました。

80年代は共同購入の急速拡大が続きました。10年間で6・6倍の規模となり、地域生協で見ると87年度に共同購入の供給高が、店舗供給を追い越すことになりました。店舗事業は出店規制など生協規制の影響もあり出店が困難な状況が続き、2倍程度の拡大にとどまりました。店舗数は増えましたが小型店が多く、店舗の平均面積は縮小しました。

1410万人の組合員が加入した生協は日本で最大の消費者・市民組織となり、くらしと食の安全を中心に地域に広がる活動と、2兆7700億円を超える規模の消費者の立場に立った事業は、社会的に注目される存在となりました。

日本の生協運動は多数の市民が参加する社会的存在になり、その規模と活動に見合った社会的評価を得るための取り組みも進み、生協運動の社会的ポジションはこれまでになく高まりました。

2. 活発な組合員活動と組織拡大

商品中心に活発な組合員活動

1970年代から80年代を通して消費者の生協加入の動機の第一は「安心できる商品、コープ商品などが欲しい」であり、組合員の関心も商品問題がトップでした。多くの生協の班会などでは、取扱商品への意見、改善要望などが語り合われ、「商品テスト活動」や「重点商品運動」などが取り組まれました。それらの活動の成果がコープ商品に結び付くこととなりました。

80年代に入ると食品添加物などを除いた独自のコープ商品を開発する生協が徐々に増え、産地との交流を含め産直品の開発も進みました。そのため商品の仕入れや開発の委員会への組合員参加や班会などでの試食やテスト、利用・普及などが一層盛んになりました。

コープ商品のほか、組合員の関心が高かったのが産直でした。特に購買事業を共同購入のみで展開する生協では産直の比重が設立時から大きく、組合員の信頼を集めていました。産直は

「第2回全国産直研究会」＝1986年2月、『生協運営資料』109号から

80年代を通じて大幅に伸長し、青果物を見ると83年に全国で42生協・94億円だった産直品の供給高が91年には60生協・569億円に拡大しました。この産直活動を継続的に発展させるために、日本生協連は83年から「全国産直調査」を開始し、「全国産直研究会」（現在は「全国産直研究交流集会」）を開催して全国の会員生協の産直実践の交流を図りました。その中で、①生産者、産地が明確なこと、②栽培方法（農薬、肥料など）が明確なこと、③組合員と生産者が交流できること、という「産直三原則」が共有されて多くの生協の取り組みに影響を与えました。

食品添加物については、厚生省は81年に、その規格・基準を緩和する「国際平準化」を目指し、11品目の食品添加物を認可しました。そのような情勢を反映し、日本生協連の提起した「くらしと商品の見直し活動」が活発化し、「商品の見直し」活動が食の安全をめぐる要求運動と一体になって広がりました。有害な食品添加物の排除をめぐる取り組みとコープ商品の開発は、「安全・安心な私たちの生協」として、組合員の支持を集め利用の増加につながりました。

また「くらしの見直し」活動では、継続して家計活動が取り組まれ、物価問題、健康保険などの社会保障、税金問題などの学習活動や運動に結び付いた取り組みとなりました。

継続して取り組まれていた反核平和や洗剤・水・環境の活動などに加え、80年代後半からは、福祉・助け合い、ユニセフ活動など組合員活動は一層幅を広げて取り組まれるようになりました。

1983年11月11日、東京の日比谷野外音楽堂で開かれた「食品添加物規制緩和反対1万人総決起集会」＝『生協運動』1984年1月号から

こうした組合員活動の全国的、総合的な交流学習の場は77年から毎年開催された「全国組合員活動交流集会」でした。また、毎年秋に「全国消費者大会」と連続した日程で開催される「全国生協大会」でも、組合員活動の先進的な経験が報告され、全国の取り組みに反映されました。

85年に日本生協連が地連（北海道、東北、中央、関西、九州）を発足させると、各地連ごとに生協規制反対や大型間接税反対などの運動課題に取り組み、組合員活動の交流は地連の場でも行われることとなりました。地連によってテーマや運営は異なりましたが、運動課題での学習・交流をはじめ商品活動や洗剤・水・環境、福祉・助け合いなどの組合員活動について交流が行われました。

生協規制の動きが強まる中で、組合員は「私たちの生協を守り、発展させよう」と「仲間増やし・増資と利用結集」に組合員自身の活動として取り組みました。署名運動など生協規制反対の取り組みが強まる中で、組織の強化拡大がこれまでになく前進しました。外部からの生協規制の動きが、結果的には生協組織の強化拡大を促進したといえます。

地域生協の規模拡大と参加・運営組織の確立

新しい生協づくりの動きは1970年代に全国各地に広がり、県庁所在地をはじめ大きな都市で生協のないところはないといえる状況になりました。80年代の特徴は、それらの生協が連帯・合併するなどして各県に拠点生協が生まれ、さらに県域を越えての連帯が追求されていったことでした。

漁協との交流会での魚料理教室＝えひめ生協、『生協運動』1986年11月号から

また、80年代にも引き続き新しい地域生協づくりの動きは全国的に見られました。まだ県庁所在地に地域生協のなかった徳島や島根などで〃市民生協〃づくりが進んだほか、新潟や三重では大学生協による地域生協づくりが続きました。しかし、80年代の新設生協の特徴は70年代のような生協のない都市での新設ではなく、生協がすでにある地域でのより個性的な新生協づくりで、多くは共同購入のみで購買事業を展開する生協でした。

80年代には引き続き共同購入型の生協の新設がある一方で、60年代後半から設立された〃市民生協〃群は意欲的に組合員拡大に取り組み、組織規模が拡大しました。組合員が5万人以上の大規模生協は80年には16組合でしたが、90年には5万～10万人の生協が22組合、10万人超の生協が20組合となりました。

生協の規模の拡大の下で、各生協では班会、班長会、地区運営委員会という参加・運営組織のあり方も規模と組織密度にふさわしいものが検討されました。地区運営委員会編成を中学校区から小学校区へ細分化したり、共同購入の支部別あるいは店別の委員会を行政区などの地区委員会に再編したりするなど試行を重ねて確立していきました。運営委員が組織を動かす体験を積み、運営委員会制度を成熟させてきたことが、急速な班増加がありながらも、班活動が発展していった大きな力になりました。また、地区別ニュースの発行なども行い、「地域に根差した」自主的な活動の要としての役割も果たしていました。

組織の拡大が進む中で組合員の層は勤労世帯の主婦層を中心にしながらも、自営業や農家など各層に広がっていきました。70年代の共同購入活動の中心となった「団塊の世代」が子育て期を過ぎ、組合員もパートタイマーなどとして働く人が増加していきました。

80年代後半に入ると、消費者・組合員のライフスタイル、価値観が多様化し、就労する組合員の増加に伴って専業主婦が減少していったことから、班会、班長会への結集の低下、班員の減少などが進みました。そのため、生協からの課題の押し付けを見直し、組合員の自主活動を重視して、参加の場を広げるような組合員組織政策への転換が模索されました。多くの生協で班会や運営委員会、共同購入の「約束事」の見直しを進め、組合員ニーズに合ったサークル・グループ活動を参加の場として位置付けるなどさまざまな試みが始まりました。

3．共同購入の事業的確立と急成長

共同購入の事業的確立

１９８０年代の生協事業の急速拡大を担ったのは共同購入事業でした。共同購入事業では、80年代前半から多くの生協で組合員参加の商品開発などが進み、それまでの日本生協連のコープ商品中心から各生協が独自に開発した日配品や生鮮食品などを含めた品揃えの充実が図られました。

また、70年代末から先進生協で取り組まれたＯＣＲによる注文・集計、代金の銀行口座からの引き落としなどのシステムやＰＤ（ピックディレクター）など後方施設の近代化が多くの生協に普及していったことも、急速な伸長を後押ししました。

ＯＣＲ注文や銀行引き落とし制度は組合員、特に班長や当番の作業を軽減し、ＰＤによる

市民生協さいたまドライセットセンターでの班別仕分け作業ライン＝『生協運動』1985年12月号から

班別仕分け作業の機械化は後方作業を合理化しました。併せて各生協では、「商品案内書」のカラー化や共同購入向けの生鮮パッケージセンター、配送センターなどの設置を進めました。

　このような近代化の下、共同購入は注文の翌週配達という週サイクルが確立しました。低温管理システムなど商品管理も向上し、組合員の信頼が増しました。80年代の前半には共同購入事業は生協事業の一つの柱となり得る業態として確立し、80年代の生協運動の飛躍的発展を担うこととなりました。

店舗を上回る規模に

　このように共同購入事業は１９８０年代前半大きく発展し、87年度には店舗の供給を超える規模となりました。しかし、80年代後半から、未利用者が増えるとともに班員数も減りました。それが班当たりの利用高の低下にもつながっていき、共同購入業態も改革が求められました。

80年代末から一部の生協では、班ごとに配達された商品を個人ごとに仕分け、配達する「メイト」制（配達代行）や業者委託での個配（個人宅配）の試みが始まり、90年代の無店舗供給のあり方の一つとして個配が準備されました。

全国の共同購入供給高は、80年度1697億円が90年度1兆1135億円と6・6倍にもなりました。地域生協では87年度に共同購入の供給高が店舗を上回り、90年度には総事業高2兆1592億円のうち店舗が9645億円(45％)に対し、共同購入が1兆1135億円(52％)を占めました。

4．店舗展開の模索と経営問題

規制激化の下での店舗事業

小売業界では消費者の生活の向上と価値観の多様化、消費行動の変化に対応してコンビニエンスストア、専門量販店、通信販売などが高い伸長を見せ、自家用車の普及に伴い大型店を核にしたショッピングセンター（SC）をはじめロードサイドストアの出店が盛んになりました。

ＰＯＳ、ＥＯＳ（電子発注システム）など小売業の情報化、近代化も進み、そのような情勢に対応できない既存小売店の廃業が増えました。

このような情勢を背景に、小売商団体や商店街組織から大店法の運用強化などと併せ生協規制の声が強まりました。１９７０年代から生協の出店に反対する動きは強まっていましたが、80年代にはそれが全国に広がり、政治的な生協規制の嵐となりました。

生協規制の激化もあり、生協の大規模店の出店は困難であり、適正規模のＳＭのチェーン展開は進みませんでした。

しかし、共同購入中心で事業拡大をしてきた生協でも出店への意欲は高く、多くの生協が生協規制の中で出店を進めました。全国の地域生協が経営する店舗の総数は80年度には６７６店舗でしたが、90年度には１３１１店舗となりました。

81年度から87年度までの出店状況を日本生協連の調査で見ると、年平均の出店数は74店舗強でした。小規模店出店が多かったため、新規出店の店舗面積は81年度平均６００㎡が徐々に縮小し、87年度は３９０㎡になっていました。全店舗の平均売場面積も81年度の７３０㎡が90年度６１０㎡と縮小しました。共同購入型生協の出店は小型店が多かったことに加えて、かながわ生協や灘神戸生協も生協規制の下で小型店の展開を政策的に進めた結果でした。

1980年代末からの意欲的な出店

生協規制により、適正規模の店舗をチェーン的に展開することができなかった生協が売場面積3300㎡前後のSSM（スーパー・スーパーマーケット）など大型店を出店するのは、一部を除き生協規制の嵐が終息に向かう1988年以降のことでした。80年代末には事業の好調さもあり、出店気運が盛り上がり、物件確保を含め出店準備が進みました。

地域生協全体で見ると80年度4591億円だった全国の店舗供給高は90年度には9645億円（80年度比2・1倍）となりました。同年度の共同購入供給高は1兆1135億円（同6・6倍）、総事業高2兆1592億円（同3・2倍）であり、店舗事業の比重は45％でした。

80年代の店舗事業は、このように業態や規模がさまざまに展開され、それぞれ生協ごとに経営努力がなされましたが、採算面では厳しい状況に置かれたところも多くありました。特に、共同購入中心型の生協での出店は店舗運営の未熟さや商品力不足などが見られ、多くの生協で店舗は不採算部門であり、90年代に大きな課題を残すこととなりました。

80年代の生協運動は全体としては組織、事業、出資金とも高い成長を示し、経営もこれまでになく順調でした。しかし、古い店舗を持ち、その近代化が図れなかったいくつかの生協は、競争激化の中で経営困難に陥りました。

5. 生協間連帯の進展——拠点生協の確立と県域を越える連帯

合併などによる拠点生協の誕生

1970年代に設立された多くの生協が80年代に協同と連帯を強め、合併などで規模を拡大しました。82年＝東京、宮城、埼玉、83年＝福岡、山形、84年＝群馬、宮崎、広島、さらに88年＝茨城、静岡、大分、89年＝栃木、90年＝岩手、千葉、佐賀で、それぞれ2～5の生協が合併し、県内の拠点生協が誕生しました。これらの生協は全県一円を事業・活動のエリアとし、店舗のチェーン展開など事業面でも新しい試みに乗り出すこととなりました。

各地で拠点生協の確立が進んだことは、生協運動の社会的影響力を強め、生協間の協同と連帯をさらに促進することとなりました。拠点生協間では商品や物流、システムの強化のために県域を越える事業連帯も進み始めました。

これまでのコープ商品の開発は日本生協連の場で行われてきましたが、70年代後半から80年代にかけて会員生協での開発も進みました。会員生協独自のコープ商品は、81年度には日本

福岡県内の五つの生協が合併してエフコープが誕生。写真は1985年に開店した戸畑西店＝『生協運動』1986年3月号から

生協連コープ商品とほぼ並んで約4000品目、1000億円になりました。

日本生協連の商品事業は、歴史的な経緯から会員生協の「共同仕入れ」と位置付けられており、支所は商品を中心とする連帯の場でした。日本生協連の支所は開発商品の幅を広げ、共同購入生協のニーズに応えました。しかし、80年代には支所の場での会員の交流と協同は商品にとどまらず、トップの交流から共同購入担当者の研修・交流会まで支所の場で行われ、支所機能は総合化していきました。

生協間の交流、連帯が県域を越えて行われるようになる中で、県域を越える共同連帯の場をどうするかが議論され、日本生協連は第3次全国中期計画（84年～86年）で県域を越える共同連帯の場

北関東協同センター＝同センター『日本初の県域を越えた事業連帯10年の歩み』から

として「地連」の設置を提起し、85年、支所を単位に五つの地連が発足しました。

　地連は総会を開催し、総会で選出された運営委員会を中心に、全国連合会である日本生協連の民主的運営の強化と、県域を越えた連帯の促進やさまざまな運動課題の地方ごとでの取り組みの強化を進めました。地連では、組合員の交流や会員生協と日本生協連の共同による行動などが盛んに取り組まれ、職域部会など分野ごとの交流・連帯も活発化しました。

　また、日本生協連は支所での「質の高い連帯」として商品の開発・共同仕入れだけでなく、物流やシステムの共同化を提起しました。中央支所は北関東物流センターを開設し、会員生協との共同連帯事業を追求しました。北関東の会員連帯事業では共同購入の班別セット機能を持つため、参加生協の責任による事業連帯組織「北関東協同センター」が初めての地域生協の事業連合として発足しました。

事業連合づくりへ

北関東協同センターの発足を契機に、事業連合づくりの動きが活発化しました。すでに生活クラブ生協や首都圏コープグループは、独自の県域を越えた連帯組織を持っていましたが、かながわ生協と静岡生協も県域を越えての事業連帯を追求しており、それぞれが事業連合づくりを目指しました。

1990年には、生活クラブ事業連合（生活クラブ連合会）、首都圏コープ事業連合（現パルシステム連合会）と神奈川県を中心とするユーコープ事業連合の3事業連合が厚生省に認可されました。これらの事業連合は商品だけでなく、共同購入や店舗の運営など事業全体の連帯強化を目指しました。

また、90年には11の拠点生協による連帯組織「日本生協店舗近代化機構」（コモ・ジャパン）が発足し、店舗展開と運営の近代化、そのための人材育成やノウハウの交流、商品の共同仕入れなどを展開することとなりました。

6．生協の発展と生協規制の嵐

強まる生協規制の動き

１９８０年代初めの不況と競争激化の中、小売商団体や商店街組織とその政治的利益代表者は小売商業者の経営困難を生協に責任転嫁し、各地で、また国政レベルで生協規制の政治的動きを強めました。

81年、商店街対策議員連盟、中小企業分野確保議員連盟などが「大規模生協問題」を取り上げ、厚生省と通産省、中小企業庁は出店規制や商業者との調整に関する指導通知などを相次いで出しました。各地で生協の出店や店舗の運営（員外利用や営業時間など）をめぐり、小売商団体などの反対運動と政治的攻撃が強まりました。

特に84年からは大店法による生協規制など、国政レベルでの政治問題として重大化しました。日本生協連は不当な生協規制に反対し、組合員による署名などの大衆的運動を展開すると同時に、「原則的運営基準」を会員生協に通知しました。各地の生協はそれに沿って、出店などをめぐり、地元小売業者との話し合いと協調を重視して取り組みました。

「生協のあり方に関する懇談会」の報告

しかし、生協規制の動きは収まりませんでした。1985年には自民党が生協法改定準備に入りました。厚生省は86年には有識者による「生協のあり方に関する懇談会」を設置し、議論を重ねました。

「4.8 くらしを守り、生協規制に反対する全国生協組合員大集会」＝1986年4月8日、東京・晴海。日本生協連資料室資料から

日本生協連は同年4月、東京・晴海で「4・8くらしを守り、生協規制に反対する全国生協組合員大集会」を開催、全国から1万4000人が参加しました。この集会では各政党代表や友誼団体代表だけでなく、海外からもICA執行委員であるイギリス生協連代表などがあいさつし、日本の生協を激励しました。

86年末に「生協のあり方に関する懇談会」の報告書が発表されました。そこでは、生協が消費者組織として、健全な社会的対抗力としての役割を持つことが評価され、大店法などによる生協規制には否定的見解が示されました。マスコミなど世論も生協支持、規制反対の論調でした。

厚生省や日本生協連は、この報告書に基づいて自民党をはじめ各方面の理解を得ることに努めました。その後も自民党は生協課税強化の動きを続け、88年暮れの国会で、大規模店舗生協に対する課税強化を内容とする「法人税法改正」を成立させ、89年4月に施行となりました。しかし、その後、政治的な動きは止まり、長期にわたった生協規制の嵐は終息しました。

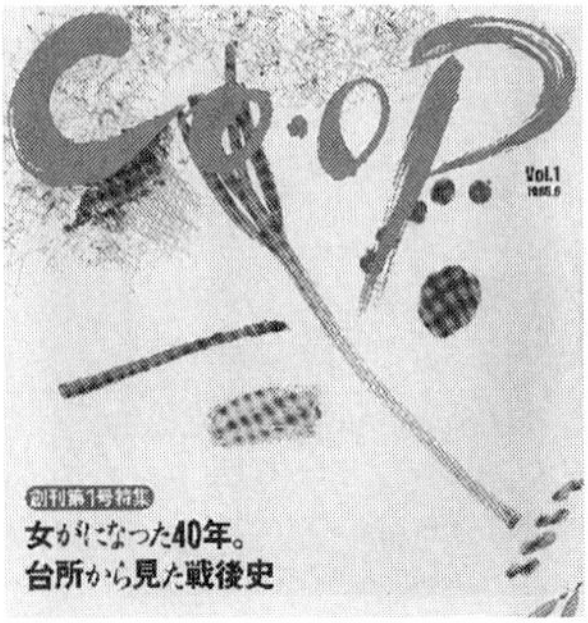

生協への理解と共感を得る活動のために日本生協連は対外広報誌『CO・OP』を1985年6月に創刊した＝創刊号表紙、日本生協連資料室資料から

この間の生協規制は員外利用を口実としたものであり、特に出店や店舗運営が員外利用を口実に攻撃されました。85年には厚生省による「員外利用実態調査」が2度にわたって行われました。生協側はそれに対し、組合員の加入拡大と店舗運営の組織的強化を進め、組合員利用の徹底など組織基盤の強化で対抗しました。併せて「理解と共感をえる活動」を、それまで疎遠だった商業者や保守系政党関係者を含め強化し、社会的ポジションの確立に努めました。

7. 広がる社会的課題への取り組み

くらしと物価・灯油・消費税

1980年代初頭、第二次石油危機の下での物価上昇は生活関連物資だけではなく、電気・ガス料金をはじめとする多くの公共料金の値上げが続きました。

全国の生協では家計活動を基礎に、各種の「しらべ」活動と学習活動を広げつつ、公共料金値上げ、健康保険料の料率アップ・患者負担増、大型間接税導入に反対する取り組みを全国消団連や各地の消団連と共に進めました。

74年に鶴岡生協の組合員1300人が山形地方裁判所鶴岡支部に提訴した「灯油裁判」は、85年、仙台高等裁判所秋田支部で逆転勝利の判決を得ました。10年間の鶴岡生協の組合員を中心とする粘り強い取り組みの成果であり、82年に石油製品の上限指導価格制度が撤廃されて灯油の値上げが行われ、全国の生協が灯油値上げ反対運動を続けている中での勝利でした。しかし、石油元売りは最高裁判所に上告、89年、最高裁は二審判決を破棄し、原告である消費者の

1989年12月、最高裁は鶴岡灯油裁判で消費者側の逆転敗訴の判決を言い渡した＝日本生協連資料室資料から

主張を退けました。

大型間接税は87年、「売上税」として衆議院に上程され、統一地方選挙での自民党の議席数後退の中で廃案となりましたが、88年、「税制改革6法案」で「消費税」として再上程されました。全国の生協組合員は他の消費者団体などと共に消費税反対の県民大会・決起集会・デモなどに参加しました。しかし、同6法案は衆参両院で可決され、税率3％の消費税が89年4月から導入されました。

食の安全、米・食料問題

アメリカなどからの「市場開放」要求の下で厚生省は食品添加物の規格・基準の「国際平準化」を目指し、1981年には食品添加物11品目を新たに認可しました。このような動きに生協や消費者団体などは、組合員の「食品添加物摂取量しらべ」などと併せ、署名運動や1万人

大阪で開催された日本生協連関西支所主催「よりよい洗剤と環境をめざす生協の運動」交流集会＝1983年6月、日本生協連資料室資料から

規模の集会などを展開し、自治体への請願運動なども進められました。

米の自由化問題、食料の自給と農業問題に関し、日本生協連は88年、食料農業問題小委員会の答申を確認し、会員に発表しました。それは「おいしくて安い安全な食料・農産物の安定供給」を基本要求とし、米については「国内自給を維持しつつ、コスト削減を図りながら、消費者要求に沿った生産と流通を目指す」としていました。会員生協の中には「明確に自由化に反対」する立場で行動を強めるべきとの意見も少なくなく、議論が続きました。

水・環境問題

水・環境問題では、合成洗剤とせっけんの使用に関するテスト活動や生活排水のチェック活動などが広がり、地域全体の水・環境汚染しらべなどに発展しました。

滋賀県で地元生協の積極的な取り組みにより、1979年に琵琶湖富栄養化防止条例が制定された経験が共有され、各地の生協が自治体に条例制定などを働き掛けました。

さらに、ごみの分別の推進、牛乳パックなどのリサイクル運動、酸性雨測定など大気汚染問題にも取り組みが広がりました。こうした身近な問題から地球温暖化問題に至るまで環境問題がグローバルな課題であることが明らかになる中で、90年代には環境保護活動として幅広く展開されることとなりました。

平和を求めて

1977年に原水禁世界大会が統一してから、生協は市民団体の中心となって反核平和の諸活動に取り組んできました。毎年8月に実施されるヒロシマ、ナガサキ行動（現ピースアクションinヒロシマ・ナガサキ）への参加者も増え、81年の世界大会には217生協から4380人が参加しました。

82年、ニューヨークで開かれた第2回国連軍縮特別総会（SSDⅡ）には生協から200人（137会員）の代表が参加し、組合員からの署名382万筆を含め2753万筆の署名を国連に届けました。100万人が参加したニューヨークの平和大行進にも参加し、被爆国の立場か

1982年6月、日本生協連代表団200人がSSDⅡに参加した＝日本生協連資料室資料から

ら反核平和を訴えました。

その後、世界大会の準備委員会での原水爆禁止日本協議会（原水協）と原水爆禁止国民会議（原水禁）の対立から、世界大会の統一開催が困難となり、86年には日本生協連は日本原水爆被害者団体協議会（日本被団協）、日青協、全地婦連など10団体と共に市民平和大行進中央実行委員会を発足させ、生協はその中で中心的役割を果たすこととなりました。

全国の生協の組合員は、市民平和行進や広島・長崎で開催される平和の集会（「虹のひろば」）に参加するだけでなく、被爆や戦争、空襲などの体験を聞く会、親子参加の諸企画など、さまざまな取り組みを進めました。特に、被団協と提携して、被爆者援護法の制定実現運動に力を入れて取り組みました。

福祉・助け合い活動とユニセフ活動など

地域での高齢者などを対象とする福祉・助け合い活動は、灘神戸生協が1983年に「コープくらしの助け合いの会」を組織し、その取り組みが全国に紹介される中、各生協で福祉問題についての政策や組織方針が論議されていきました。

85年以降、有償ボランティアで家事援助活動を行う「助け合いの会」の設立が各生協に広がり、90年には27生協が取り組むようになりました。また、高齢者を対象とする「ふれあいお食事会」など食事サービス活動（配食、会食）も広がっていきました。88年、日本生協連は「生協福祉研究会」を、厚生省は「生協による福祉サービスのあり方に関する研究会」を発足させました。両研究会の報告は共に、高齢化社会の到来の下で生協が福祉問題に取り組むことの重要性を指摘しました。

80年代に入り、アジア、アフリカでは異常気象もあり飢餓と貧困は深刻で、ユニセフは「わが子への愛を世界の子どもたちに」と募金を訴えました。日本生協連は84年からその訴えに応えて全国の生協に呼び掛け、組合員はユニセフの飢餓緊急支援の募金に取り組みました。日本生協連は、85年に会員生協と共にバングラデシュに視察研修団を送りましたが、以降、毎年「スタディツアー」として代表が派遣され、各国のユニセフ活動の実態が報告されました。87年からは「予防接種募金」として取り組み、その後ユニセフ活動は、世界の子どもと平和・友好のための活動として広がり、定着しました。

80年代の組合員活動は、これらの取り組みのほか、子どもの生活環境を守る活動、親子一緒の文化活動、映画鑑賞会、平和コンサート、講演会など組合員のニーズに沿った諸活動が広がったのが特徴でした。

8．各分野の生協の取り組みとCO・OP共済事業

職域生協――職域生協は、企業の生産拠点の海外移転など「産業の空洞化」と合理化を含む産業構造改革が進む中で、大きな曲がり角に立たされました。企業内福祉の見直しが進み、母体企業などから生協への支援などが後退する中で、多くの職域生協は経営と運営を独自に強めるための努力を重ねました。
職域生協の数は1980年代後半から減少したものの、組合員数、事業高は80年度を100とすると90年度ではそれぞれ142、125と伸長を見せました。地連発足の下、地連内での

交流や研修活動を強化し、90年には全国職域生協協議会を立ち上げ、全国的な交流、連帯を強めることとなりました。

学校生協——80年代は、新規採用教職員が増えないことと管理体制が強化される中で、若年層の教職員組合離れもあり、組合員の減少傾向も出始め、退職者の再組織化などの対策を強めました。事業面では指定店供給などが流通情勢と買い物習慣変化の中で後退し、外販（学校訪問営業）、カタログ、共同購入など自主供給の強化を図りました。その結果、外販活動は営業担当者の力量もあり、全国で大きく伸びました。

宮城、岩手、長野、熊本の各県を中心に地域化が進み、他に石川、大分、佐賀、長崎、高知でも地域での共同購入の展開などを進めました。宮城県学校生協は82年、宮城県民生協と合併し、長野県でも地域生協との合併を目指して取り組みが進みました。

大学生協——大学生協連の当時の福武直《ただし》会長理事の言葉、「学園に広く深く根ざした生協づくり」を契機として「学生生協」から「大学生協」に変化、発展しました。81年から厚生省認可の「学生総合共済」事業を開始し、「仲間のために入っていて良かったと思える共済」として、学生自らの活動として位置付け、発展させてきました。生協が身近な存在として認知されるように「組合員の声」を業務と活動に反映させる活動に取り組みました。83年、全国学生委員会

長野生協は長野医療生協の全面協力を得て、健康チェック活動を班会で取り組んだ＝1983年11月の生協まつりでの尿チェックを訴える寸劇、『生協運動』1984年2月号から

は平和ゼミナール企画として、「ヒロシマへの旅」「ナガサキへの旅」を開催し、その後の「Ｐｅａｃｅ Ｎｏｗ！広島・長崎」と呼ばれる活動が始まりました。この活動は「知る・知らせ・考え・話し合う」スタイルとして定式化し、組合員の「多様な活動」を生み出していきました。

86年、大学生協連は21世紀を展望した「大学生協の役割」を採択し「魅力ある大学づくり」「大学コミュニティの充実」などへの貢献を確認しました。

医療生協——組織強化全国4課題（組合員拡大、班づくり、増資、組合員リーダーづくり）が引き続き取り組まれ、医療生協の組合員は80年度の60万人が90年度には１４０万人へと大きく拡大しました。「尿チェック」や「食生活チェック」など健康チェック活動が広がり、医療生協らしい保健活動が前進しました。

医療部会では、第1次5か年計画を策定し、「医療生協とは」「医療生協の今日的役割」の論議を深め、「組織、事業、運動のあらゆる場面で組合員参加による〝医療生協らしさ〟を貫く」取り組みを進めました。

労済生協――保険業界の共済事業対策が強まる中で、全労済は職域・居住地での推進体制や組織づくりに力を注ぎました。労働組合の基盤の成熟化、全国生協連の「県民共済」などの共済の多立化傾向の中で、「地域に自覚的な組合員組織の形成」を目指しました。

83年にはその趣旨に沿って生命共済「こくみん共済」を実施、さらに「ねんきん共済」「自動車共済」と、保障内容の拡充を図りました。組合員活動としては生活保障設計運動に取り組み、保障の充実と家計支出の軽減を図ることを促進してきました。

住宅生協――80年代は当初から住宅不況が続き、日本勤労者住宅協会（勤住協）の経営が困難となり、その受託事業の比重が大きい全住連傘下の住宅生協など30会員は85年度にトータルで赤字となりました。87年から勤住協の再建に各住宅生協も協力し、90年には再建の見通しとなりましたが、各住宅生協の事業は規模を縮小しながらの展開でした。

日本生協連の共済事業など

日本生協連のCO・OP共済は全労済からの受託事業の形で発足しましたが、1984年にCO・OP共済《たすけあい》が厚生大臣の認可を受け、日本生協連元受として発売することとなりました。この《たすけあい》は制度的に見舞金共済の域を出ないものでしたが、徐々に取り扱い生協が増えることになりました。

日本生協連は86年の「地域生協における組合員共済事業のあり方」の答申を受け、87年、CO・OP生命共済《あいあい》を開発、共済事業を地域生協の「事業」として成り立つものとして追求することになりました。そのため、89年には「CO・OP共済のめざすもの」を策定し、会員論議を広げました。

全労済の協力の下で始まった「CO・OP共済」のポスター＝『コープさん　灘神戸生協の60年』から

73年に発足した全国生協役職員共済会（現れいんぼーくらぶ）は、81年に退職共済制度と付属制度としての宿泊補助金制度を新設し、86年にはパートタイマー職員共済を発足させました。また、役職員共済会運営委員会での検討を経て86年、日生協健康保険組合が設立され、437生協・事業所、3万4580人の被保険者でスタートしました（2019年3月に解散し、協会けんぽに移行）。

9．協同組合の価値・理念の論議

1980年のICA第27回モスクワ大会では、A・F・レイドロー博士による「西暦2000年における協同組合」（レイドロー報告）が提起され、日本でもそれをめぐる論議が始まりました。レイドロー報告では、協同組合は、第1の危機（信頼性の危機）、第2の危機（経営の危機）を乗り越えたものの第3の危機――協同組合の目的はなにか、独自の役割を果たしているのかといったことに関連する「思想的な危機」に直面していると警鐘が鳴らされました。また、「顧客がいるだけで組合員はいない」と組合員参加の低下を指摘しています。その上でレイドロー報告は協同組合の「四つの優先分野」（①世界の飢えを満たす協同組合、②生産的労働のための協同組合、③保全者社会のための協同組合、④協同組合地域社会の建設）を課題として提起しました。特に二つ目の優先分野として「生産的労働のための協同組合」が提起されたことは労働者協同組合への注目を促し、生活クラブ生協によるワーカーズ・コレクティブなどの運動の広がりを理論的に支えるものとなりました。

このレイドロー報告が出されたころ、欧米の生協運動は70年代に引き続き、危機的な状況にありました。85年、フランスでの大手生協と卸売連合会の倒産、88年にはドイツでのコープAGの不祥事と倒産、アメリカ・バークレー生協の解散といった事態が続きました。

「西暦2000年における協同組合」が主要議題として提起され、論議されたICA第27回モスクワ大会＝1980年10月、日本生協連資料室資料から

これまでスウェーデンをはじめとするヨーロッパの生協がアジアの協同組合を支援してきていましたが、日本生協連はＩＣＡ「アジア生協開発プロジェクト」への協力を軸にアジア諸国の生協への連帯・支援を強化しました。87年には「アジア生協協力基金」を創設し、以降、会員生協の協力の下、系統的な研修・交流などの企画支援を進めました。

生協総合研究所の「協同組合の基本的価値」国際シンポジウム＝1990年11月、日本生協連資料室資料から

88年のＩＣＡ第29回ストックホルム大会ではマルコス会長が「協同組合の基本的価値」について問題提起をし、「参加、民主主義、誠実、他人への配慮」の四つをキーワードに、「協同組合はその組合員以外には真の力の源はない」ことを強調しました。それには班を基礎とした日本の生協の組合員参加の実態が影響を与えていました。そして、92年の第30回大会を東京で開催することも同時に決定しました。

ＩＣＡの「協同組合の基本的価値」の提起を受けて国内でも「日本の生協運動における基本的価値」の議論が始まりました。その内容と論議は90年、日本生協連総会で決定された「21世紀を展望する生協の90年代構想」（ビジョン）にも生かされました。

また、生協の理念・理論をめぐる論議が進む中で、日本生協連は大学生協連が設立・運営していた生活問題研究所の活動を継承・発展させ、89年に財団法人生協総合研究所（生協総研）を発足させました。

第6章
転換期の困難と発展への再構築（1990年代）

アジアで初めて開かれたICA東京大会の開会式＝1992年10月、日本生協連資料室資料から

1．1990年代の情勢と生協の概要

1990年代の情勢――バブル経済崩壊と長期不況

1990（平成2）年、ベルリンの壁が崩壊して東西ドイツの統一が実現し、91年にはソ連が解体して東西冷戦構造は崩壊しました。欧州統合が進む（93年にはEUが発足）一方、世界各地で民族紛争などが発生し、91年に湾岸戦争が勃発するなど世界は転換期を迎えました。世界経済は市場経済の拡大、グローバル化が進行し、95年にはGATTに代わる貿易機構WTO（世界貿易機関）が発足しました。

日本経済は91年ごろから株価に続き地価の大幅な下落が始まり、「バブル経済」は崩壊しました。93年の総選挙で自民党は過半数を大きく割りこみ、非自民の細川護熙連立内閣が発足しました。「55年体制」は崩壊しましたが、その後も短期の政権交代が続きました。

90年代は世界も日本も歴史的な転換期、激動期でしたが、日本はバブルの後遺症を克服できず、長期の不況が続く「失われた10年」といわれる状況になりました。

90年代後半、日本の経済は金融危機の下、企業倒産や大幅なリストラによる失業者の増加などが続きました。政府は財政投入や公共事業を軸にした景気刺激策を実施しましたが効果がなく、財政危機、年金、医療問題などが将来への不安となりました。97年には消費税率が5％にアップされ、社会保険料の引き上げや医療保険制度における患者の自己負担増もあり、消費は一層冷え込みました。98年には実質GDP成長率がマイナスとなり、その年の完全失業率も4・1％と統計開始以来、初めて4％を超えました（2002年に5・4％まで上昇）。

こうした中で、格差が大幅に拡大していきました。派遣労働の職種制限が徐々に緩和され、若年層や高齢者、女性を中心に非正規雇用が広がりました。

経済のグローバル化が進む中で規制緩和策などが推進されましたが、1990年代前半にはWTO体制と米の自由化、農薬・添加物や商品の表示などが問題となりました。90年代後半にも遺伝子組換え食品、環境ホルモン、ダイオキシン、BSE（牛海綿状脳症）など安全・安心をめぐる問題が引き続き現出しました。

92年のブラジルの国連環境開発会議（地球サミット）において、国連気候変動枠組条約が採択されたことで始まった国際的な地球温暖化問題への取り組みは、先進国に温室効果ガスの排出削減を義務付けた97年の京都議定書によって、具体化に向けた第一歩を踏み出しました。

95年1月、阪神・淡路大震災が発生し、大都市部における未曽有の大災害となりました。発災後、被災者・被災地支援の取り組みが広がり、多くのボランティアが全国から被災地に駆け付けました。それを契機にして特定非営利活動促進法（NPO法）が98年に成立し、非営利の市民活動の可能性を大きく広げたほか、90年代後半には市民参加の取り組みも広がりました。

少子高齢化が進む中、97年に介護保険法が成立し、日本社会における福祉のあり方を変えるとともに、同法施行後に生協の福祉の活動と事業は大きく広がっていくこととなります。

長引く不況の下でグローバル化に伴う「価格破壊」＝価格競争が進み、流通業の生き残りをかけた競争が激化しました。バブル期に過大投資をした大手流通業の中には、経営破綻を来すところが発生しました。ダイエーやセゾングループなども閉店を含む大幅なリストラを進め、それらビッグチェーンの大きな業態転換、業界の再編につながっていきました。

1990年代の生協運動の特徴

1990年代初頭、全国の生協の組合員は80年代に引き続き増加し、事業高も90年度、91年度と10％前後の伸長を見せました。92年秋、日本の生協はこれまでの最高の到達点でICA東京大会の開催を迎えました。

90年代に入ると新しい生協の設立は少なくなり、県内連帯・合併などによる県ごとの拠点生協づくりが進みました。さらに県域を越えたリージョナル連帯が進められ、90年代前半に各地に県域を越えた連帯組織＝事業連合が設立されました。

90年に首都圏コープ、生活クラブ、ユーコープの3事業連合が設立認可されたのに続き、95年までに東関東5生協のコープネット、九州中心のグリーンコープ（25生協）、コープ九州（8生協）、東海5生協の東海コープ、東北3生協のコープ東北サンネット、北陸6生協のコープ北陸の各事業連合が設立されました（生協数はいずれも事業連合設立時の数）。

店舗事業への本格的な挑戦が始まり、90年秋には日本生協店舗近代化機構（コモ・ジャパン）が発足しました。しかし、バブル経済崩壊と不況の下、94年度に全国の生協の事業高総計は前年割れとなり、以降、事業の低迷が続くことになります。経営不振から倒産する生協が現れ、さらに一方で、トップの不祥事などが発生、「経営の危機」「信頼の危機」が内外から指摘されました。

それらの危機の背景には、80年代から90年代初頭にかけての急速な成長の下での一部トップの慢心、組合員からの遊離、経営体質へのバブル経済の影響といったことがありました。それらの危機を克服するため、各生協は組合員の声に基づく商品の開発や日常業務の再構築を目指

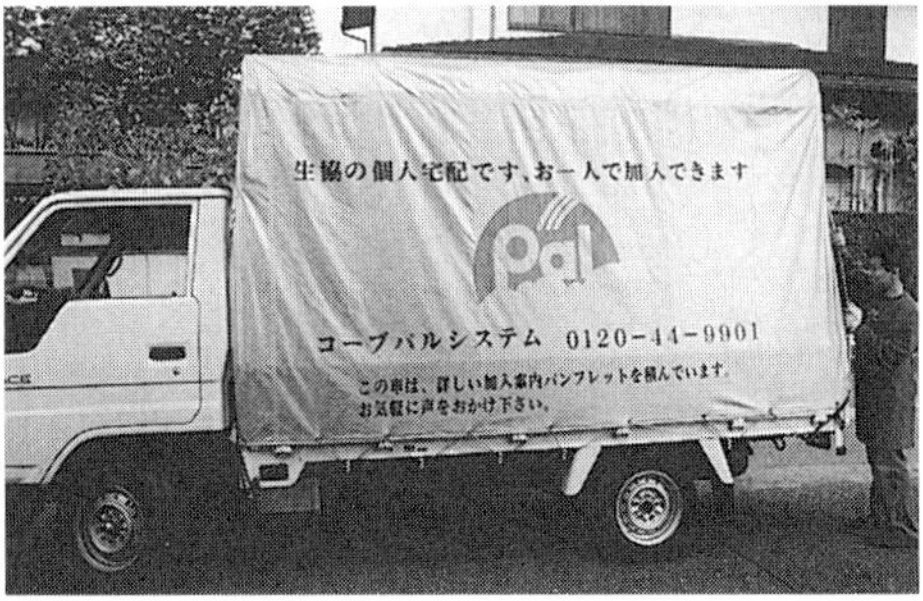

首都圏コープ事業連合の「コープパルシステム」の配送車＝『生協運動』1996年6月号から

し、組合員の生協運営と事業への参加を強める努力を重ねました。

95年度、96年度と回復を見せた全国の生協の事業高は97年に若干後退、98年は伸長しましたが、その年をピークに翌年から再度後退しました。組合員の増加率も99年度から2002年度までは前年比で101%台にとどまり、班共同購入の供給高は90年代半ばより減少の局面に入りました。後述する個配の急速な拡大によって宅配事業全体の総供給高は維持しましたが、店舗供給高は落ち込み、大規模生協を含め事業経営は一層厳しさを増していき、生協の事業経営はさらなる「構造改革」を必要としました。

1990年度～2000年度の10年間で全国の生協の組合員は1410万人から2104万人に拡大し、総事業高は2兆7772億円から3兆2856億円となりました。組合員数の伸長率は90年代前半の5年間で132%、後半113%であり、事業高は同118%と100・3%でした。組合員の拡大が鈍化し、一人当り利用高が減少する中で、供給高の維持が困難になるという状況が続きました。

2．世界の注目を集めて

ICA東京大会

ヨーロッパの協同組合運動が停滞ないしは後退する中、1980年代の日本の生協運動の発展は国際的にも注目される状況にありました。そして、92年10月、ICA第30回大会が東京で開催されました。ICA大会のアジアでの開催は、100年近い歴史で初めてのことであり、日本開催は内外の注目を集めました。同大会には82カ国から1100人を超える参加があり、日本の参加者を含めると1540人が参加しました。

大会を控え、10月15日から生協委員会、女性委員会とその公開会議、共済保険、医療のフォーラム、大学生などのユースセミナーといった生協に関する諸会議が開催されました。また、関係する会議の期間も含めて大会参加者による各地の生協訪問や組合員との交流会も活発に行

ICA東京大会時に開催された「女性大会」（一番左のパネリストは日本生協連女性評議会議長の立川百恵さん）＝ⓒ石河行康

われました。

大会では「①人々のニーズに応える経済活動、②参加型民主主義、③人的資源の開発、④社会的責任、⑤国内および国際的協同」といった「協同組合の基本的価値」が提起され、参加型民主主義については日本の活動が評価されました。ＩＣＡ東京大会は「変化する世界における協同組合の基本的価値」と「環境と持続可能な開発」の2決議を採択しました。

協同組合の定義と価値、新原則

東京大会での「価値」論議を受け、ＩＣＡでは「協同組合の憲章」と「原則改定」の作業が進められました。１９９５年、ＩＣＡは創立１００周年を記念する大会をマンチェスターで開催し、協同組合の定義、価値、原則を内容とする「協同組合のアイデンティティに関する声明」が採択されました。

「協同組合のアイデンティティに関する声明」
定義―協同組合は、共同で所有し民主的に管理する事業体を通じ、共通の経済的・社会的・文化的ニーズと願いを満たすために自発的に手を結んだ人びとの自治的な組織である。
価値―協同組合は自助、自己責任、民主主義、平等、公正そして連帯の価値を基礎とする。それぞれの創設者の伝統を受け継ぎ、協同組合の組合員は、正直、公開、社会的責任、そして他人への配慮という倫理的価値を信条とする。

新しい協同組合原則は「協同組合がその価値を実践に移すための指針である」とされ、66年のICA大会で採択されたこれまでの6原則に替えて、次の7原則が採択されました。

第1原則　自発的で開かれた組合員制
第2原則　組合員による民主的管理
第3原則　組合員の経済的参加
第4原則　自治と自立
第5原則　教育、訓練および広報
第6原則　協同組合間協同
第7原則　コミュニティへの関与

アジア中心に国際連帯の前進

１９９０年代の国際友好活動は日本生協連のアジア生協協力基金（92年度、拠出金5億5000万円）の活用を含め、アジア諸国への友好・支援として広がったのが特徴でした。同基金は主にＩＣＡの「生協開発プロジェクト」として実施される研修生の受け入れや、講師派遣などに活用されました。

中国や韓国などの協同組合とは役職員の交流や、研修生の受け入れなどで友好関係が一層深まりました。インド、フィリピン、タイ、マレーシアなどのほか、新たな運動が始まったベトナム、モンゴル、ネパールなどへの交流や支援も活発に行われました。

大学生協連もアジア諸国への友好・支援活動を続け、医療生協はＩＨＣＯ（国際保健協同組合協議会）の発足と保健医療分野における国際交流の中心となって貢献しました。

ICAマンチェスター大会＝1995年9月、日本生協連資料室資料から

3．生協の事業展開と経営構造改革

1990年代の店舗展開

1990年代の中盤から成長に陰りが見え始めた生協も、90年代初頭は80年代の好調な伸長が続きました。組合員の拡大は80年代後半の伸長を上回り、91年度～93年度は平均90万人近くの増加がありました。地域生協の組合員は92年に1087万人となり、全国の世帯数の25％になりました。店舗事業への本格的な取り組みが進み、91年度には全生協の総事業高が3兆円を超え、小売りシェアは2・6％になりました。

日本生協連は「90年代構想」と第5次中期計画で「総合的な生活協同事業の構築」として、店舗事業重視をうたいました。前述の通り、90年10月には店舗事業に取り組む全国の拠点生協によってコモ・ジャパン（創立時会員11生協）が結成され、「SSM出店ガイド」の提案、店舗向け商品や資材の共同仕入れを行いました。また、「コモテック・こうべ」を開設し、研修生をコープこうべの店舗現場や開発部門などで受け入れて、実践的な研修を行い、店舗事業に必

コモ・ジャパン創立総会＝1990年10月、日本生協連資料室資料から

要な人材の養成に貢献しました。

地域生協の90年度の店舗数は１３１３で、売場面積は80万㎡でしたが、店舗数は93年度までに１００店増加し、売場面積も3年間で約20万㎡増床しました。80年代に比べ出店は大型化しており、ＳＭ・ＳＳＭ中心のチェーン構築が単位生協ごと、あるいは事業連合によって追求され、大手生協ではＧＭＳ（総合スーパー）やＳＣへの出店も進められました。そのため地域生協の90年代前半５年間の供給高の伸びは店舗１２２％、共同購入１１７％で、店舗の方が上回りました。しかし、この時期の出店が大規模店中心で立地と投資計画などに甘さがあったところが多く、90年代後半に経営上の問題となるところが少なくありませんでした。

また、バブル経済崩壊の影響がやや遅れて生協にも及び始めました。94年度には共同購入も店舗も供給高が前年割れとなり、全国の生協の総事業高も前年比98・7％となりました。経常剰余率は90年度の2・0％から徐々に低下していましたが、94年度には0・8％まで落ち込み、バブル経済崩壊の影響と組合員のくらしぶりの変化が一気に生協の事業経営に現出しました。

「個配」の拡大

共同購入事業は、1980年代後半から組合員1人当たりの月利用高が低迷するなどの問題が起きていましたが、組合員数の拡大に支えられ90年度、91年度と供給高全体では、前年比115％強、111％弱と引き続き2桁伸長を見せました。食品だけでも1兆円を超える供給高を誇る共同購入は、無店舗販売業では他の追随を許さないものでした。

しかし、94年度に共同購入の供給高が前年割れ（96％）となってしまいます。長引く不況の下での買い控え、組合員1人当たり利用高の低減が明らかになりました。また、組合員層の広がりと組合員のくらしと意識の変化の中で、共同購入における班での荷受け・荷分けなどの共同作業の負担の多さから脱退や休眠する組合員が増え、班員が減少し、班解散が続く状況も顕在化しました。共同購入の負担を減らすため、「個人別仕分け」や「不在置き」の導入、希望者への休日・夜間配送などの試みも取り組まれました。

そのような状況の中、首都圏コープ事業連合やコープかながわなどが始めた「個配」（個人宅配）が注目され利用が急増していきます。共同購入は94年度の前年割れ以降、低迷ないし下降をたどり、90年代中頃からは個配事業が本格的に展開されるようになりました。90年代後半は、その個配の伸長によって宅配事業の供給高が維持される状況となりました。個配の供給高は97年度に1000億円を超え、2000年度には3113億円となり、一つの業態として認識されるようになりました。

悪化する生協の経営と経営構造改革

共同購入の伸長が止まり損益が悪化し、店舗での損益が悪化する中で、生協全体の「経営構造改革」が緊急の課題となりました。

地域生協の経常剰余率は、1990年度には2・4%ありましたが、94年度以降は1%前後で推移しました。特に、90年度から93年度まで4%前後あった共同購入の経常剰余率が94年度以降は3%前後に落ちたこと、93年度まで低い率でしたが黒字だった店舗の経常剰余が94年度からマイナスとなり、90年代後半は毎年悪化していきました。赤字店の閉店などが続けられ、物件費や人件費の削減などコスト対策が進められました。

97年度、全国の生協の総事業高は94年度に次いで前年比マイナスとなりました。地域生協ではこの間、共済事業の伸び率が高く、その全体剰余への貢献度も高まっていましたが、共済事業の剰余を除く購買事業のみでは3分の1の生協が赤字と推測されました。98年度は店舗事業の赤字が増え、供給高上位12生協も3分の1が共済事業の剰余を除くと赤字となりました。

後述する経営や信頼の危機という事態もあり、日本生協連は98年度方針で「生協は存続の危機に直面しているとの認識が必要」とし、「組合員参加の事業の確立」「生協の運営改革とトップの行動改革」「損益対策と経営構造改革」を重点課題として訴えました。コモ・ジャパンも2000年2月に組織を解消し、その事業は日本生協連に引き継がれました。

CO・OP共済事業の本格的展開

この時期、日本生協連は有形の物だけでないサービス事業の柱として共済事業を重視し、CO・OP共済《たすけあい》の加入者の増加と商品の充実を図りました。

会員生協での共同購入代金の銀行引き落としなどのシステムが整ったことにも支えられ、CO・OP共済《たすけあい》は1992年度末には加入者が53万人近くに達しました。会員生協での共済事業の位置付けも高まり、多くの生協で共同購入事業の一環として班・グループ組織を基礎に加入促進月間などが設定され、意欲的な取り組みが進められました。元受資格を取る生協も増え（92年度13生協、２０００年度33生協）、日本生協連との共同引受による事業展開が進められました。

１９９４年度には加入者が１００万人を超え、95年には「10周年・１００万人達成記念キャンペーン」を展開しました。その年1月の阪神・淡路大震災発生後、日本生協連共済本部の職員は直ちに現地に入り、全国の会員生協からの支援者と共に、被災者・組合員への異常災害見舞金の支払い（約2万５０００人の加入者に3億９５５万円）を行いました。

その後もこども共済の開始などもあり、90年代後半、共済事業はさらに急速な伸長を示すこととなりました。97年度、《たすけあい》取扱生協は１２０生協に達し、共済のネットワークはさらに拡大しました。《たすけあい》の加入者は、97年度に２００万人を超え、２０００年度には３００万人を超えました。

共済事業は組合員のくらしの保障として定着しただけでなく、事業としての比重が高まる中で、地域生協にとって主力事業の一つと位置付けられていきました。00年度には全国１３２の地域生協がＣＯ・ＯＰ共済の取扱生協となりました。創設以来およそ20年の積み上げによって、ＣＯ・ＯＰ共済は生協らしい文字通り「助け合い」の事業としてその基盤を確立しました。

4. 組合員活動と社会的課題への取り組み

組合員組織・活動の見直し

１９８０年代の生協運動の大きな発展は、班を基礎にした組合員自身の活動と運営参加に支えられていました。しかし、急速な組織・事業の規模拡大と、一方での経済状況の変化、働く主婦組合員の増加などが進む中で、組合員の参加、組織運営にもさまざまな問題が発生しました。日本生協連の89年と92年の組織政策に関する委員会答申では、大規模化の中での役職員の「官僚化の傾向」（89年答申）や『私たちの生協』という感じが持てない」という声が増え、「組合員の顧客化の危惧」（92年答申）があることが指摘されました。

92年答申では、組織改革の重点として、①商品事業への組合員参加の多面的な展開、②ネットワーク型活動、③大規模生協での分権化の促進がうたわれました。従来の「理事会—地域（運営委員会—班」の運営を基本にしながらも、その運営が組合員との「双方向の太いパイプ」になるようにすること、また、その枠組みに拘束されないサークルやグループ活動など自主的活動とそのネットワーク化が必要であり、さまざまな声や活動を包摂できる「重層的な組織運営」が大切であるとしています。

90年代前半には多くの生協で、班会や班長会の持ち方、中間の委員会組織のあり方とグループ、サークルなど「多様な活動」の位置付けが検討され、そのような「組織改革」が共通の課題として取り組まれました。90年代後半には組合員参加の場でもあった班共同購入が個配に変わっていったこともあり、組合員組織のあり方の検討が続きました。

男女共同参画推進の取り組み

前項のような組合員の参加、組織運営の見直しの取り組みとともに、世界的な男女共同参画を推進する運動とあいまって、日本においても生協における女性参画を求める声が上がりました。

日本生協連の高村勣《いさお》会長への全国の女性リーダー懇談会からの意見書を受け止め、日本生協連では機関運営小委員会で検討の上、１９９１年の通常総会で「日本生協連女性評議会」を設置しました。前述のように、92年のＩＣＡ第30回東京大会時に開催された「女性大会」においても日本の取り組みが報告されています。

女性評議会は93年に「生協の意思決定における女性の現状と今後の方向」を答申し、それを受けて日本生協連や会員生協における組織運営の見直しが始まりました。

消費者運動の担い手として

1990年代初めの製造物責任法（PL法）の制定要求は、生協をはじめ多くの消費者団体が消費者の権利を確立する運動として取り組んだもので、同法は94年に制定されました。この運動の成功の中で、全国消団連は政策的な提案・要求運動を重視していきました。消費者にとって安心して暮らせる仕組みをつくるために、行政任せではなく消費者自らが自覚的にさまざまな制度を活用するとともに、不十分であれば法改正や必要な法律の制定を目指す運動を新たに展開しました。

「消費者のための製造物責任法の制定を求める全国連絡会」のデモ＝1992年、日本生協連資料室資料から

90年代後半には遺伝子組換え食品や環境ホルモンに関わる問題など、消費者にとって難解な新しい問題が

1998年以降、政策提案型の運動に切り替わってきた全国消費者大会（2001年の第40回大会）＝日本生協連資料室資料から

発生しましたが、これらについても日本生協連は、組合員に機敏に情報提供を行い、学習を呼び掛けました。多くの社会的課題となった問題について、日本生協連は単に反対するだけでなく見解を積極的に社会に提起し、実現するように努めていきました。

毎年開催されてきた「全国消費者大会」でもスローガンは変遷し、「確立しよう、くらしの場から消費者の権利を」（98年大会）、「私たちは主張し、創ります、安心してくらせる公正な社会を！」（99年大会）、「私たち消費者は提言し、創ります。一人ひとりが大切にされる21世紀を！」（２０００年大会）と、政策提案型の運動に切り替わってきたことを示しています。

くらしを守る課題では、全国消団連と共に消費税率の引き上げに反対しましたが、消費税率は

1997年4月から5％に引き上げられました。米の輸入自由化についても、日本生協連は反対の見解を93年の総会の場で確認していましたが、95年からの米の部分開放が決まり、食糧管理法が廃止されて、同年には新食糧法が施行されました。

消費者・市民の権利に関連しては99年5月に情報公開法が、2000年4月に消費者契約法が成立し、1998年3月にはNPO法が制定されました。いずれも全国消団連を含む多くの消費者・市民団体などの長年の要求であり、働き掛けの成果でした。

環境保全運動の広がり

地球温暖化、オゾン層の破壊、酸性雨問題などから環境問題への関心が今までになく高まり、日本生協連は1991年「生協の環境保全運動　その考え方と指針（環境21計画）」で環境問題を「生協の根源的課題」と位置付けました。92年、ブラジルで国連環境開発会議（地球サミット）が開催され、日本の生協の代表も多数参加しましたが、それを契機に生協の取り組みは地域での他の環境NGO・NPOとの交流・共同なども含めて広がりを見せていくことになります。

97年、京都で気候変動枠組条約第3回締約国会議（COP3）が開催されましたが、日本生協連はこの年「地球環境キャンペーン」を展開、日本生協連と会員各生協は他の環境NGO・

国連環境開発会議と並行開催のNGO国際集会「92グローバル・フォーラム」に24生協・51人が参加＝日本生協連対外広報誌『CO・OP』1992年8月号から

ＮＰＯと共にシンポジウムなど各種の企画を進めました。また、グリーンコンシューマー活動が「エコファミリープログラム」（節電などふだんのくらしの中で、家族で取り組む環境に配慮した活動）として進められました。

各生協では、組合員活動だけでなく、総合的な環境政策を策定し事業面からも環境保全に取り組むところが増えました。例えば、ペットボトルなどの容器リサイクル問題、フロンガスへの対応などが進められました。また、ＩＳＯ１４００１などの環境マネジメントシステムを確立する生協が増えていきました。

食品の安全を求めて

１９９５年、食品衛生法が改正され、天然添加物の指定制の導入や農薬残留基準関係の見直しなどが行われました。天然添加物や残留農薬、動物用医薬品などについても、日本生協連の専門委員会などの見解に基づいて、各地の生協で学習や行政要求などの取り組みが進みました。

食品の表示問題では「製造年月日」から消費期限あるいは賞味期限の「期限表示」への転換が打ち出されました。生協は牛乳の日付表示などでは「製造年月日」表示の併記も認めるべきと、消費者の立場からの主張を続け、コープ商品について認めさせました。

遺伝子組換え食品の問題では、その安全性や将来世代への影響などが消費者の不安を呼びました。表示問題が課題となり、各地の生協では組合員の学習会や表示問題などでの行政折衝などを広げました。日本生協連は組合員の学習向け、あるいは商品取り扱い上のパンフレットを作成し、遺伝子組換え食品の表示を求める運動を展開しました。

さらに、日本生協連は99年から食品衛生法の抜本的な改正を目指す運動を準備しました。これは全国の生協の大きな取り組みとなり、2000年には1373万筆の組合員署名を集めました。国会請願のための議員の賛同も会派を問わず幅広く集め（衆・参議員542人）、地方議会への働き掛けも進めるなど、運動は大きな広がりを見せました。

平和、ユニセフ活動の取り組み

ハーグの世界法廷参加者は、帰途、フランスの核実験に抗議してパリで原爆写真を展示、平和を求めた＝1995年11月、日本生協連資料室資料から

生協は毎年、市民平和行進やヒロシマ・ナガサキ行動に継続して取り組みました。被爆者援護法制定要求運動では、「援護法実現ネットワーク」の一員として、生協は請願署名1000万筆のうち535万筆を集め、被団協などと共に国会への働き掛けを行い、1994年の被爆者援護法の成立に貢献しました。

95年、被爆50周年の取り組みを国際シンポジウムの開催などを含めて行い、国際司法裁判所(世界法廷)に核兵器の違法性を問うことを求めた署名運動を展開しました。オランダ・ハーグの国際司法裁判所には被団協などと共に代表団を送ったほか、全国の組合員が集めた335万筆の署名は多くの注目を集め、「核兵器は国際法に反する」との勧告的意見(判決)に大きな影響を与えました。

２０００年には、「世界の都市で原爆展を」と銘打った原爆展用写真パネルを海外に送る取り組みが全国に広がり、51カ国、１３９都市・団体にパネルが寄贈されました。

ユニセフ活動は、地方ごとに対象国を決めての恒常的な募金活動（指定募金）が定着し、ユニセフ募金全体では毎年2億円～3億円を集めるようになりました。ユニセフ活動における生協募金の比重が高まり、日本ユニセフ協会の支部を担う生協・県連は７つになりました。

福祉・助け合い活動と介護保険事業

生協の福祉・助け合い活動などの組合員活動が広がり、１９９６年には「くらしの助け合いの会全国ネットワーク」が発足、活動交流と併せてコーディネーターの研修などを進めました。家事援助などの「助け合いの会」の会員は、90年に４５００人弱でしたが、２０００年には6万人を超えました。お年寄りを対象にするお食事会や配食サービスは１９９０年代後半から取り組む生協が増え、２０００年には44生協（開催は３８３カ所で２９１３回）へ広がりました。

１９９７年、「介護の社会化」を掲げた介護保険法が成立しました。厚生省は96年、老人保健施設に関わる員外利用許可の通知を出し、医療生協をはじめとした生協でも福祉事業（介護保険事業）の検討が進められました。

介護保険事業は、２００１年に地域生協では40生協が取り組み、事業高は30億円となりました。また、生協が支援する社会福祉法人として特別養護老人ホームやデイサービス事業が増えました。医療生協の介護保険事業は00年度、２３６億円の規模となりました。

5．阪神・淡路大震災と「協同の力」

阪神・淡路大震災で倒壊したコープこうべの本部ビル＝『生協運動』1995年3月号表紙、ⓒ石川行康

「被災地に生協あり」

１９９５年１月17日早朝、阪神・淡路大震災が発生し、現地の住民に６４３２名もの犠牲者、約25万棟の家屋の全半壊など多大な被害を生じました。コープこうべをはじめ現地の生協にも多大な被害がありましたが、各生協は直ちに事業の再開に努めるとともに住民・組合員の救援活動を展開しました。被災

阪神・淡路大震災直後のコープこうべの被災者救援活動＝1995年、日本生協連資料室資料から

直後からコープこうべが神戸市と結んでいた「緊急時における生活物資確保に関する協定」が発動され、救援物資供給が始まったほか、医療生協の診療活動、大学生協の炊き出し活動などの懸命な取り組みが行われ、「被災地に生協あり」と高く評価されました。

さらに、全国の生協からの素早い支援や迅速な共済金や異常災害見舞金の支払いは被災者と現地関係者を励まし、現地の生協の取り組みと全国の生協の支援は「協同の力」として注目されました。その経験は支援にあたった全国の生協の教訓となり、各生協は自然災害対策の策定や行政との緊急時・災害時における物資協定の締結などを進めました。

また、阪神・淡路大震災では市民・学生など全国からボランティアが駆け付けたことも大きな特徴でした。全国の生協や県連などでは災害ボランティアネットワークの立ち上げの支援など、ボランティア活動の育成・支援が取り組まれました。

「自然災害に対する国民的保障制度を求める国民会議」発足（右端は竹本成徳日本生協連第６代会長）＝1996年7月、日本生協連資料室資料から

災害補償制度要求の取り組み

阪神・淡路大震災までは、住宅と職を失った被災者に対する公的支援はほとんどありませんでした。そのような中で、住宅を中心に公的な補償制度を創設し、今後に備えるとともに被災者の救済に充てるべきとの声が上がりました。１９９６年７月、「自然災害に対する国民的保障制度を求める国民会議」が発足、日本生協連は全労済、連合、兵庫県と共に連絡会を設置し署名運動に取り組みました。署名は、生協関係が半年あまりで１３６６万筆の署名を集め、合計で２４８０万筆となり、当初目標をほぼ達成しました。

私有財産に公費を投じる施策には抵抗がありましたが、これらの運動を背景に98年5月、被災者生活再建支援法が成立しました。補償内容は決して十分とは言えませんでしたが、個人の財産を公費で補償する制度をつくり上げたという点では画期的なものでした。

6. 経営と信頼の危機とその克服

生協の経営の危機が多く表面化

１９９０年代初頭の生協は引き続く組合員の拡大に支えられ、事業の伸長率も高く、出店なども意欲的に進められました。しかし、94年度には総事業高が前年割れとなり、60年代後半期から継続した高成長が初めてストップしました。

94年には東京の練馬生協と下馬生協が経営破綻に陥り、マスコミにも取り上げられました。その後、秋田の由利生協や大分の津久見生協などが経営破綻し、それぞれ県連を中心に連帯による支援を行いましたが、再建には至りませんでした。共に力量不足の中での出店やトップの独断といった経営上、運営上の問題を抱えていました。

96年には、北海道の釧路市民生協が経営破綻しました。日本生協連と北海道生協連の支援の下、その再建に着手した97年春、道央市民生協とコープさっぽろが資金問題を発生させました。道央市民生協と釧路市民生協は決算が粉飾されており、それが明らかになって倒産した場合、隣接するコープさっぽろへの影響は甚大でした。釧路市民生協と共に北海道の3生協がすべて倒産する可能性がありました。

日本生協連は、全国2位の規模のコープさっぽろが倒産といった事態になった場合、3生協とその100万人もの組合員に与える損害だけでなく、全国の生協にも多大な影響を及ぼすとの認識で、コープさっぽろを中心に3生協の再建に当たることとしました。資金面での支援が行われるとともに拠点生協からは職員の派遣などが行われ、コープさっぽろには日本生協連の内館《うちたて》晟《あきら》専務理事が理事長として派遣されました。

コープさっぽろへの資金支援は日本生協連の責任の下、全労済などの協力で行いましたが、さらに厳しい状況が予想される中で、日本生協連は連帯支援のあり方の検討を進め、98年度総会に「生協経営支援機構・連帯基金」（連帯基金）の創設を提案しました。連帯基金は日本生協連55億円、会員生協45億円、計100億円を拠出し、再建支援に活用しようというもので、1年をかけた会員論議の結果、多くの生協が連帯基金への拠出に協力しました。

98年以降、いくつかの生協が日本生協連に再建支援を要請し、支援機構から連帯基金が融資されています。連帯基金の創設を含むこの再建支援活動は、日本生協連を軸に全国の会員生協同士が資金、人材を出し合うという、これまで経験していない全国連帯の新しい試みとして成功しました。

運営上の不祥事――信頼の危機

組織運営上の問題や経営問題、役員人事問題などで総代会が紛糾したり、理事会運営や内部運営で紛糾したりする事例も発生しました。

1997年には大阪いずみ市民生協でトップ役員による「公私混同、私物化」の不祥事が内部告発され、マスコミにも取り上げられる「いずみ問題」が発生しました。日本生協連は生協トップのあってはならない不祥事として総会に報告するとともに自浄能力発揮による解決を求めました。

しかしながら、大阪いずみ市民生協執行部は告発した職員を解雇し、告発者や日本生協連などの指摘を「事実無根」として隠蔽しようとするなど、「いずみ問題」は二重の不祥事となってしまいました。一応の解決を見たのは問題が発覚してから4年後の2001年でした。

トップの責に帰すべき運営上や商品問題での不祥事がいくつかの生協で続いて発生し、マス

機関運営ガイドラインなどを盛り込んだ『生協における健全な機関運営の確立にむけて』（日本生協連／編）＝2000年4月

コミなどでも「生協の危機」と取り上げられる事態となりました。

経営困難と一部の生協の倒産・解散、一連の不祥事は全国最大の消費者組織として社会的存在になってきた日本の生協運動にとっての「信頼の危機」ともいえるものでした。事業経営の問題は、経営破綻した生協の多くで店舗経営の未熟さや自己の能力（人材面、財務面）以上の過大投資が原因であり、またトップの運営姿勢にも起因するものでした。不祥事など運営上の問題を起こした生協は、トップがこれまでの成功を自己の力量と思い違いをして、民主的な組織運営をおろそかにしたためでした。

日本生協連は「トップマネジメントのあり方」などを含め運営や経営のあり方について会員生協との論議を重ね、１９９９年に「参画、公正、透明、正直」を基本視点に生協の運営を強化することを訴える「機関運営ガイドライン」を発表しました。

また、日本生協連は「生協会計基準」の順守や情報開示、民主的な機関運営の強化などを具体的に提起し、各生協での検討と改善の取り組みが進められました。

7. 各分野の生協の取り組み

職域生協――職域生協は、母体企業の経営困難、リストラなどが進む中、解散する生協も少なくなく、1990年代はこれまでにない大きな変動期でした。

日本生協連では、90年6月、146会員生協の参加で、「全国職域生協協議会」が発足し、このような厳しい情勢に生協同士が協同・連帯して対応することとなりました。同協議会では職域生協のビジョンや、食堂事業、店舗事業、サービス事業など分野別の政策づくりを進め、全国研修会などの場で論議を深めました。また、各地連、県連の場を含め役職員の交流や研修活動を工夫を凝らして進め、情勢の変化への対応を図りました。

一方で、地域に活動を広げていたいくつかの生協は地域生協との合併も進めました。また、職域生協協議会は大学生協連と提携し、食堂問題などで交流を広げました。

しかし、バブル経済崩壊後の長期不況の下、企業のリストラなどが進行する中で解散に至る職域生協が増加し、民間企業を母体とする日本生協連の会員生協の数は減少しました。

学校生協――学校生協では、少子化が進む中で児童と教職員の減少をはじめ、情勢は厳しさを増しましたが、90年代前半は自主供給の中の定期共同購入事業が拡充し、併せて受発注システムも80年代後半から稼働させました。しかし、90年代後半から事業環境の厳しさもあり、自主供給事業が低迷し、新規事業としてのサービス事業関連の展開を始めました。

学協部会は、組合員のニーズに応え会員生協活動の強化を図るため、「事業活動のあり方」について各種のテーマで会員生協との論議と意思統一を強めました。各学校生協では事業活性化への取り組みを強めるとともに、組合員との関係で商品委員会、工場・産地見学会、文化活動・サークル活動などに加えて環境問題などの活動を強め、組合員参加を進めました。

また、学協支所は教職員向けカタログ『学校生協ハーモニー』の発行（91年）、商品発注のオンラインシステムの見直し（93年、98年）、新規事業の全国展開の開始（97年）、カタログ・共同購入業態改革（99年、2000年）などを推進しました。

大学生協――1992年をピークに18歳人口は急減期を迎え、90年代は今後の大学のあり方が各方面で論議される情勢でしたが、大学数、進学者数は増え続け、大学での生協の新設は続きました。大学生協連は94年の総会で「21世紀へむけたビジョンとアクションプラン」を決め、「魅力ある大学コミュニティづくりへの貢献」を掲げました。

大学の教育機能への貢献を目指す取り組みや環境保全の取り組み、阪神・淡路大震災をきっかけとしたボランティア活動、国際友好協力活動などを展開しました。

大学生協連に参加する会員生協は90年の166生協が2000年は223生協となり、組合員は97万人から138万人に、総事業高は1712億円から2072億円に拡大しました。

医療生協――90年の医療部会総会に「医療生協の『患者の権利章典』(案)」が提案され、1年間の全国討議を重ねた上で、翌91年5月の医療部会総会において次の『患者の権利章典』が確定しました。

「患者の権利章典」の項目―患者の権利と責任―〈知る権利〉〈自己決定権〉〈プライバシーに関する権利〉〈学習権〉〈受療権〉〈参加と協同〉

この「権利章典」の考えに基づき、保健・医療活動の分野では、医師のあり方検討、保健学会(組合員や職員が健康づくりに関する取り組みを持ち寄り交流する機会)、情報とプライバシー検討など、数多くの委員会が設置され検討が進められました。併せて「患者の権利章典」の定着や保健活動、

日本生協連医療部会代表団は、COPAC（国連が1971年に設置した協同組合活動を促進する委員会）で日本の医療生協の活動を報告した＝1995年3月、『生協運動』同年6月号から

医療の充実、経営の改善強化に努め、介護事業への参入も積極的に進めました。医療生協では引き続き新設生協もあり、組合員は10年間で１００万人増え、班数や出資金も倍以上の伸長を見ました。

労済生協——全労済は「終身共済」（90年）、「車両共済」（96年）の実施、「こくみん共済」（99年）の制度改善を進める一方、生活保障プランナーや介護ホームヘルパー育成講座に全国的に取り組みました。

95年の阪神・淡路大震災で全労済が支払った共済金などは約１８６億円に上りました。また、先述の通り96年には阪神・淡路大震災を契機として自然災害での公的な住宅再建支援制度の実現を目指し、兵庫県、連合や日本生協連と共に２４８０万筆の署名を集める取り組みを行い、98年に被災者生活再建支援法の成立に結び付いています。

97年には公的な保険制度である自賠責共済への参入を実現しました。

99年には「組合員のより豊かな生活を支え、将来においても生活協同組合としての真価を発揮するための指針」として、「全労済21世紀ビジョン」を策定しました。

住宅生協――全住連の会員である住宅生協の事業の大半は特殊法人・日本勤労者住宅協会（勤住協）の委託事業であり、厚生年金活用の住宅事業やリフォーム事業など自主事業の拡大に取り組みましたが、バブル崩壊後の住宅事業をめぐる情勢は厳しく、一方で政府の「特殊法人の整理合理化案」に勤住協も対象となるなど政治情勢も厳しく推移しました。

第7章
事業連帯の前進と生協法の改正（2000年代）

日本生協連創立50周年記念祝賀会。壇上は各政党代表＝2001年、日本生協連資料室資料から

1. 2000年代の情勢と生協の概要

2000年代の情勢

21世紀を迎えた日本の経済は、バブル経済崩壊後の停滞と混迷を抜け出せずにいました。小泉純一郎内閣は「構造改革なくして景気回復なし」として、金融機関の不良債権を一掃し、「産業再生機構」の支援によって、債務に苦しむ企業の再生に向けた政策を押し進めました。2005(平成17)年夏には日本経済は立ち直りを見せたと宣言、さらに郵政民営化を行い、次々と経済活性化を目指す規制緩和を進めました。しかし、世界経済は金融資本の暴走に歯止めがかからず、08年にはリーマンショックが起きて、再び大きな落ち込みとなりました。

グローバル市場経済化の進展＝企業の海外移転や競争激化の下で倒産、リストラなどが続き、失業や非正規労働が増加する中で勤労所得は低下していきました。生協組合員の家計収入も減少を続け、10年は00年に比べ5・5％減少、消費支出はそれを上回る9・3％の減少となりました（日本生協連の「全国生計費調査」より）。

少子高齢化が進む中で、年金や医療・介護保険制度の見直しなどが進められ、サラリーマンや高齢者の負担増が進みました。若者などの失業や非正規労働の拡大、生活保護世帯の増加などが止まらず、格差の拡大やセーフティーネットのあり方が大きな問題になりました。

消費者をめぐる情勢では、01年に国内初のBSE（牛海綿状脳症）が確認されました。02年には牛肉産地偽装が雪印食品など食品加工メーカーで相次いで発覚し、03年にBSE問題でアメリカからの牛肉の輸入が禁止されました。

食肉の偽装事件は生協の取引先でも発生し、02年には鶏肉や豚肉の産地偽装に続き、加工食品での仕様違反や偽装表示が次々と発生しました。

このような食品の安全をめぐる情勢の下で、生協が中心となって食品衛生法の改正を求める運動を展開し、1373万筆の請願署名が集まりました。食品の安全を願う多くの人々の思いがその後、03年の食品衛生法の大幅改正、食品安全基本法の制定、食品安全委員会の設置の実現へとつながっていきました。

また、04年には消費者保護基本法を大幅改正した消費者基本法が制定され、09年には消費者庁、消費者委員会が発足しました。

国際的には03年のアメリカを中心とした有志連合のイラク侵攻、06年の北朝鮮の地下核実験など緊張状態が続き、日本は自衛隊のイラク派遣などを進めました。政府は有事関連三法などに続き改正自衛隊法、防衛省昇格関連法を成立させ、憲法改定論議を進めるなど、21世紀も世界と日本の「平和」が課題となる幕開けとなりました。

2000年代の生協運動の特徴

1990年代には各地に県域を越えた事業連合が誕生しましたが、2000年代にはさらに近畿圏や中四国にも事業連合が設立されて、全国のほとんどでリージョナル連帯が構築されました。それら各地の事業連合が日本生協連の商品事業と連携し、全国的な事業連帯に向けて歩み始めたのも00年代の生協運動の特徴でした。

00年度からの10年間の全国の生協の組織、事業の推移の傾向は1990年代後半の5年間と変わらず、組合員数は2104万人から2621万人へ125％伸長したにもかかわらず、総事業高は3兆2856億円から3兆3218億円の101％と横ばいでした。

日本経済はデフレ基調の低迷が続き、百貨店や量販店の販売高が後退する中で、流通業における激しい販売や出店の競争が続きました。生協の購買事業も苦戦を強いられましたが、小売業全体の売上高不振の下、2010年度の生協の供給高の小売シェアは2・8％となり、00年度の2・6％を0・2ポイント上回りました。

組合員数は生協全体では10年間で125％の伸長でしたが、地域生協は1450万人から1895万人へと445万人増、131％の伸長を実現しました。地域生協の世帯加入率は、00年度の31％から10年度には35％と4ポイント高まりました。組合員の活動は、食や商品を中心に事業と一体になった活動をはじめ、環境、福祉、子育てや平和など各分野で引き続き展開されました。特に、国会請願署名などの組合員活動を基礎に、生協全体で取り組んだ食品の安全をめぐる運動では、社会システムづくりに、生協が大きく貢献しました。これらの取り組みによって、21世紀初頭においても生協は社会的に大きな役割を発揮したのです。

他方で、生協自らも供給する商品での不祥事が続き、08年には日本生協連のCO・OP商品で中国製冷凍ギョーザ事件を引き起こして、あらためて品質保証体制の再構築に取り組むことになりました。

生協グループにとって00年代における大きなトピックの一つが生協法の抜本改正で、同法の改正案が07年の通常国会で可決されました。改正生協法では、共済事業は契約者保護の観点などから購買事業との兼業が禁止され、08年に日本生協連から共済部門が分離して、日本コープ共済生活協同組合連合会（コープ共済連）が設立されました。

日本コープ共済生活協同組合連合会（コープ共済連）創立総会＝2008年10月、コープ共済連提供

日本医療福祉生活協同組合連合会（医療福祉生協連）創立総会＝2010年7月、医療福祉生協連提供

さらに、改正生協法に医療・福祉事業が生協の事業種類として明記され、より専門性を高めるために10年には医療部会が独立して、日本医療福祉生活協同組合連合会（医療福祉生協連）が設立されました。

2. 事業経営の健全化の取り組みと連帯の前進

個配の拡大、苦戦する店舗事業

生協の総事業高は１９９８年度の３兆３８７０億円をピークに、２００２年度まで累計で約

780億円減少しました。03年度には回復を見せましたが、04年度は4月の消費税の総額表示実施により生協商品の価格は安くないというイメージが生まれるなどの対応のまずさもあり、再び前年割れとなりました。その後は、07年度まで成長が続き、同年度は3兆4293億円に到達しましたが、08年度以降はリーマンショックと中国製冷凍ギョーザ事件などの影響で後退が続きました。

地域生協の供給高推移を業態別に見ると、店舗の供給高は00年度対10年度で1兆1017億円→9353億円（85％）、宅配事業は同1兆3897億円→1兆5954億円（115％）でした。宅配事業では班共同購入（班配）が1兆0784億円→6383億円（59％）と後退し、個配が3113億円から9571億円と3倍に伸びました。

消費者のくらしと意識の多様化は、宅配事業にも大きな変化をもたらしました。就労時間が増え、商品購入にグループ参加を求められることへの抵抗を感じる人々に対して、首都圏コープ事業連合が1990年に先駆けて開発した個人単位での利用を可能とする個配の「パルシステム」の利用者が急増し、個配を始める生協が拡大して、90年代後半には毎年2桁の伸長をしていました。班配における互いに班長や当番の負担をかけることへの遠慮や、個配の場合の玄関先に届けられる利便性などの理由から既存の班配から切り替える組合員が増加したこと、

ララコープ（長崎県）での個配の様子＝2015年5月撮影

気軽に加入できることから新しい加入者を得やすいことで、個配は拡大を続けました。この分野で先行した首都圏コープ事業連合は、ライフステージごとのカタログを作成、生協の名称も「パルシステム」に変更し、テレビCMなど統一的な宣伝活動などを展開することによって組織・事業を急速に拡大しました。

コープネット事業連合なども班配における個人別仕分けや個配利用者の増加に関わる諸システムの整備・改革を進めました。

インターネットによる受注システムの導入は、2000年からみやぎ生協が運用を開始した「eフレンズ」が先駆けとなって全国に広がりました。07年には日本生協連に事業譲渡されて全国の共同利用が進み、10年度末には利用登録者が約230万人に到達しました。「eフレンズ」(「eふれんず」と記す生協もある)

はインターネット全国共通基盤づくりにつながったほか、さらにはパルシステムなど独自にシステム開発した事業連合や生協もあり、その後の全国の生協の宅配事業でもインターネットの活用は大きく広がりました。

　生協の店舗事業の見直し・改善は１９９０年代後半からの重要課題であり、採算の取れない店舗の閉店・リニューアルが続きました。地域生協の店舗数は95年に１３９９店ありましたが、２０００年度は１２０５店、さらに10年度には１０１８店にまでなりました。00年代の10年間で約２００店舗が減少しましたが、店舗の大型化が進み、売場面積の合計は１２０万㎡前後で推移しました。

　最大の課題であった店舗損益の改善では、01年度の店舗経常剰余率△２・０％が02年度には△１・７％となりましたが、その後は低下傾向が続き、10年度の店舗経常剰余率は△２・５％に後退しました。

経営構造改革

　地域生協の事業経営では購買事業の経常剰余率が低く、年によっては赤字であり、共済事業などを含めても１９９０年代後半から２０００年代は経常剰余率１％前後の年度が続きました。

日本生協連は05年に、「日本の生協の2010年ビジョン」を決定、「構造改革の長期的指針」として「ふだんのくらしにもっとも役立つ事業」とともに「コスト構造改革を徹底する経営」と「くらしへの最大貢献をめざす事業連帯構造の確立」を打ち出し、店舗事業改革、人件費構造改革をはじめとする経営構造改革を提唱し、その実現のためにトップ対象のセミナーなどさまざまな取り組みを継続して行いました。また、各地の事業連合も商品力の強化と併せ、店舗事業の健全化や宅配事業の効率化のための取り組みを進めました。

店舗については、組合員の合意を得つつ不採算店を適切に閉店するための閉店基準や新規出店基準などを作成する生協が増えました。

一方、2000年度には3・5%あった宅配事業の経常剰余率も少しずつ後退し、2010年度には2・5%となりました。先進生協を除くと班配の後退と個配の拡大の下で、配送などのシステム整備の遅れなどがありました。

生協の経営構造では、他の流通業と比べて人件費比率が高いこと、物件費を含む販売管理費の比率が高まりつつあることが問題でした。地域生協では正規職員数の削減、パート化や委託配送化が進み、人件費率が下がりましたが、物件費率は上昇傾向にあり、販売管理費率は上昇しました。

不振生協の再建

1990年代の後半には北海道内の生協をはじめ経営破綻に陥る生協が発生し、役員の不祥事や各地の生協での組織運営の混乱などもあり「経営と信頼の危機」が叫ばれました。

日本生協連は北海道ではコープさっぽろを軸にした再建を目指し、トップの派遣などで再建支援に取り組み、その他の不振生協には98年に全国の生協の拠出によって設立した「生協経営支援機構・連帯基金」（連帯基金）を活用して、それぞれの地方の事業連合などの協力で再建支援に当たりました。

北海道は、経済の低迷と流通界の生き残りをかけた厳しい競争下にあり、コープさっぽろは赤字店の閉鎖とリニューアルなどの店舗事業改革、個配を軸とした宅配事業強化、人員の削減などを進める中で、生協の組織・経営体質の改革を図りました。事業高は2001年度まで後退しましたが、経常剰余は1999年度以降上昇に転じ、2005年までの再建5ヵ年計画を2年前倒しで達成し、10年度には事業高も2500億円を突破しました。

一方、再建が計画通り進まなかった道央市民生協は、02年にコープさっぽろと全面業務提携し、くしろ市民生協は03年にコープさっぽろに統合、解散しました。続いて05年に宗谷市民生協が、06年に道央市民生協とコープどうとうが、07年にはコープ十勝がコープさっぽろに組織統合しました。

これによって「コープさっぽろを軸にした北海道の生協運動の再建」への期待と展望は明るくなりましたが、コープさっぽろは組織統合した生協を含む負債解消を目指して、さらなる課題に取り組むことになりました。

また、日本生協連は、経営不振生協への支援のために連帯基金を活用し、秋田県北生協、コープふくしま（現みやぎ生協・コープふくしま）、コープさがに基金からの融資と再建支援を進め、01年には高崎市民生協も対象となりました。コープさがはコープ九州事業連合の支援の下、その融資を前倒しで返済し再建され、高崎市民生協は05年度末にコープぐんまと組織合同し、融資も返済されました。

秋田県北生協とコープふくしまには、みやぎ生協やコープ東北による支援が続けられましたが、両生協はコープ東北に加入してその商品やシステムを統合する中で経営改善が図られました（秋田県北生協は、後にコープあきたに事業を譲渡）。

これらの再建支援活動では事業連合をはじめ、当該地域の会員生協や日本生協連としても支援体制をとり、各生協から宅配事業強化のための組織拡大（新規組合員の加入促進）タスクの要員が継続的に派遣されるなどの支援活動が行われました。

連帯活動の前進――事業連合が全国に設立

　2000年代の生協間連帯の特徴は、1990年代に引き続き、各地に事業連合が設立されリージョナル連帯が進んだこと、さらにそれらの連帯が日本生協連との商品の共同開発を軸に全国の連帯として発展していったことにあります。

　各県の拠点生協による新しい事業連合では2003年、コープきんき事業連合が近畿5府県の7生協の参加で発足しました。さらに05年にはコープ中国四国事業連合（コープCSネット）が中四国9県の9生協の参加で設立されました。また、02年にコープ自然派事業連合（7府県10生協）、03年に生協連合会きらり（14年に清算）が、共に関西で発足しました。これらの事業連合の誕生で、生協のリージョナル連帯組織は単一の生協が全道を事業エリアとする北海道を除き、全国に設立されることとなりました。

　既存の事業連合では、コープ東北はみやぎ生協、いわて生協、生協共立社（山形県）の3生協でスタートしましたが、前述のように再建支援対象のコープふくしまなどの加入に続き、06年にはコープあおもりと秋田市民消費生協（現コープあきた）も加入し、東北6県の生協が加入する組織になりました（その後、青森県民生協とコープあいづ、福島県南生協［現みやぎ生協・コープふくしま］も加入しました）。

北関東および千葉、埼玉の5県の連帯として発足したコープネット事業連合（現コープデリ連合会）には、コープとうきょう（現コープみらい）が1999年に加入、その機能統合を強める中でコープながのが2004年に、市民生協にいがた（現コープにいがた）が07年にそれぞれ加入し、1都7県の生協による組織になりました。

ユーコープ事業連合には、1993年に山梨中央市民生協（後の市民生協やまなし、現ユーコープ）が加入し、3県の生協による組織になりました。

首都圏コープ事業連合は2005年にパルシステム連合会に名称を変更、対象エリアが広がり、生活クラブ生協も東日本全体から近畿地方までをカバーする広がりを見せました。

東海コープ事業連合では合併による会員数の減少があり、コープ北陸事業連合ではCO・OPとやまの脱退がありました。

コープ九州事業連合は組織的な変化はありませんでしたが、グリーンコープ連合は九州地方から近畿地方までをカバーする組織となりました。

これらの事業連合に加入する生協の総組合員数と総事業高は、00年度10事業連合で746万人、1兆2987億円でしたが、10年度には13事業連合1534万人、2兆248億円の規模となりました。事業連合加入生協の総事業高が地域生協と居住地職域生協の総事業高に占める比重は、00年度48％から10年度74％へと拡大しました。

　このように各地域での事業連帯が進む中で、会員生協・事業連合と日本生協連との商品の共同開発も進みました。日本生協連とコープネット事業連合、コープとうきょうは00年に「エリア共同開発」の作業に入りました。続いて、日本生協連は商品共同開発委員会の下、01年から「全国共同開発」商品の開発を始めました。

　日本生協連はコープ商品の会員生協との共同開発と併せ、ナショナルブランド商品の共同仕入れ、拠点生協・事業連合との物流の共同化（在庫倉庫と宅配商品セットセンター、店舗物流センターの併設など）、情報システムの共同開発・利用拡大、宅配事業におけるインターネットの共同基盤づくりなど、会員生協との事業面での一体化を進めました。

3. 共済事業の拡大と福祉事業の展開

CO・OP共済事業の急速拡大

　1990年代後半から2000年代に大きく伸長したCO・OP共済は、10年度に事業規模

（受入共済掛金）が１４５９億円となりました。地域生協では購買事業に次ぐ事業と位置付けられ、積極的に加入のおすすめや共済金支払いの案内などが進められました。

ＣＯ・ＯＰ共済は01年に定期生命共済である《あいぷらす》が開発され、主力の《たすけあい》ではジュニア18コース（当時）、女性コースのほか、医療コースやベーシックコースが加わるなど商品のラインアップも充実していきました。各生協では組合員を対象に「保障の見直し」から始まったライフプランニング活動を広げ、ライフプラン・アドバイザー（ＬＰＡ）の養成講座を修了したリーダーたちがその活動を推進しました。

宅配事業におけるＣＯ・ＯＰ共済加入のおすすめ（共済推進）を中心に、店舗共済カウンターの設置などが奏功し、00年度前半は加入者が毎年10％前後拡大しました。00年度３６６万人であった加入者は10年度には７４３万人に倍増しています。また、共済金支払件数も00年度の33万件から10年度は１１８万件へと3倍以上になり、支払共済金額も５４４億円となりました。

共済事業のこのような拡大の中で、日本生協連は、ＣＯ・ＯＰ共済取り扱い生協全体を対象にコールセンターの設置・運営を行い、共同引受生協との間で共済金支払い事務の共同化を進めました。

共済契約の引受団体として共済事業を執行してきた共同引受生協のほとんどは、兼業が禁止

コープとうきょう（当時）若葉台店でのCO・OP共済のおすすめ
＝2000年代、『コープとうきょうの50年』から

された改正生協法の施行前に元受事業者から受託事業者になりました。契約引受団体がコープ共済連になっても、各地域の生協は加入者の窓口、CO・OP共済加入のおすすめなどの役割を担い、組合員のふだんのくらしの向上に大きく貢献しています。

新たな福祉事業の展開

地域生協では組合員による自主的な福祉・助け合い活動が幅広く行われてきましたが、介護保険制度のスタートに伴い、1990年代末から福祉事業としての取り組みが本格的に始まりました。日本生協連の福祉カタログの利用や店舗にコーナーを設けての福祉介護用品の供給、ヘルパー養成講座の開設などで始まった活動は、介護保険事業としては訪問介護支援事業を中心に拡大し、2000年度に約30億円だった事業高は、10年度には約160億円と5倍の規模となりました。

地域生協の福祉事業はホームヘルプサービスを中心にデイサービス、ケアプランニング、福祉用品貸与の事業となっていますが、経営実態は赤字が多く、損益改善が大きな課題になっていました。介護保険制度の改変の影響もあったほか、新しい事業分野としての政策、人材育成などの遅れがあり、日本生協連では「日本の生協の2010年ビジョン」で福祉事業を「くらしの安心を創造する第3の事業」と位置付けるとともに、その事業の「再構築」を進めました。

4. 組合員活動と社会的課題への取り組み

組合員組織運営の見直し

地域生協の組合員数は2000年度から10年度までの10年間で、445万人増の1895万人となり、全世帯に占める加入率は35％となりました。

地域生協での組合員増となった主な要因は、個配事業の利用者の増加でした。10年度には、宅配登録組合員数が1000万人を超え、そのうち個配組合員が半数以上となりました。

このように組合員の状況が変化する中で、１９９０年代後半から班に依拠しない参加の場をめぐり、多くの生協で組織運営の見直しが図られていきます。２００１年度以降も多様化する組合員のくらしと意識に合わせ、「個々人のつながり、グループ同士のつながりをネットワークとして機能するような組織運営をはかる」「幅広い運営組織づくり」（日本生協連第９次中期計画）のため、各生協で組織運営の見直しが進められました。

広がった食育・子育て支援

組合員の関心と期待の高い食と商品の安全をめぐっては生協の取扱商品についての活動参加はもちろんのこと、食品衛生法改正など社会的な仕組みづくりのための取り組みが大きく前進し、くらしの安心をめぐっては福祉・助け合いや共済・保障問題から平和、環境保全など継続してさまざまな取り組みが行われました。若い組合員層の関心の高い子育て支援、食育などのテーマでは新たな取り組みが進んだのも特徴でした。

日本生協連の『２００３年度 全国生協組合員意識調査報告書』などからも、調理時間の短縮傾向、外食やファストフード・惣菜・弁当の利用の増加、その中での栄養や健康志向といったニーズが明らかになりました。中でも子どもの食生活については社会的な関心事となり、「食

『たべる、たいせつ活動事例集』表紙＝2005年

組合員からレシピを公募した料理集『たべる、たいせつブック』表紙＝2001年

育」が大きなテーマとなりました。

日本生協連は２００１年、創立50周年の取り組みとして「たべる、たいせつ」キャンペーンを展開、組合員にレシピ提供を呼び掛けて、審査の上選定した料理集『たべる、たいせつブック』を約１００万部普及しました。各生協では食品の安全をめぐる取り組みだけでなく、食生活や健康などをテーマにする学習会や料理講習会などが開かれてきましたが、事業とも連動させての「バランスの良い食事・献立」といった情報提供も行われるようになりました。

食育の取り組みは、子ども自身が「食」に対して関心を持ち、知識などを身に付けるための活動として、小学生などの子どもを持つ

進藤農水省近畿農政局長、齋藤兵庫県副知事、矢田神戸市長と主催者のテープカットで始まった「たべる、たいせつフェスティバル2006」＝2006年11月、対外広報誌『CO・OP』Vol.106 2006年冬号から

組合員が学習、交流する中で広がりました。日本生協連も組合員のワークショップなどでその交流を促進し、生協の店舗や集会場などで、組合員が集まって手軽に実践できる食育プログラムづくりなどが進みました。

日本生協連は「たべる、たいせつフェスティバル」を05年秋に東京で、06年には神戸で開催しました。これは生協の食品の安全をめぐる取り組みや食育などの組合員活動だけでなく、生産者や関係団体、行政なども含む活動報告・交流の場として設定され、05年の企画には2日間で1万7000人が参加しました。首都圏の生協・事業連合が企画に協力し、ブース出展や活動報告には全国の24生協が参加したほか、生産者団体から教育機関、国際機関など計91団体の参加がありました。神戸市で開催した第2回フ

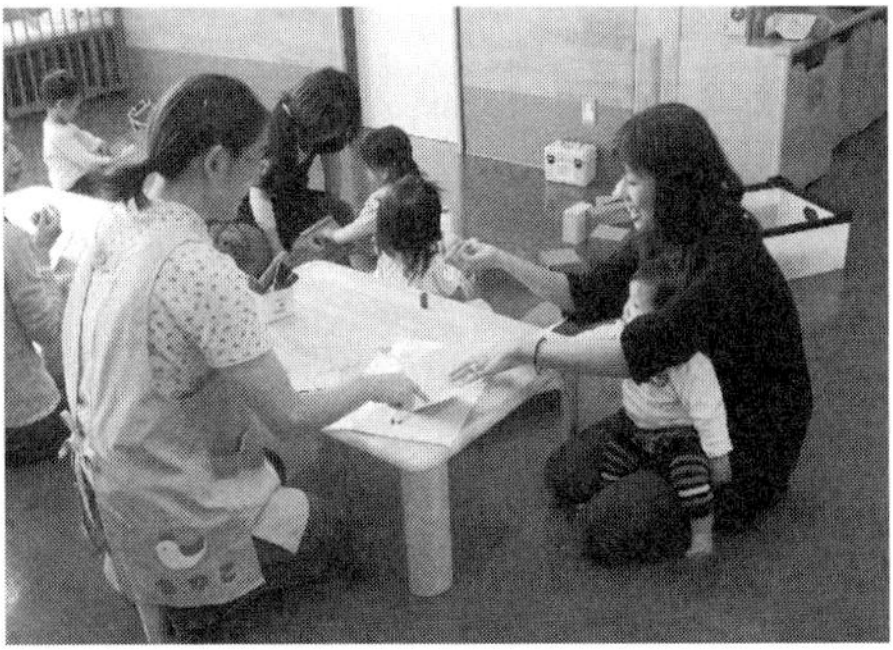
さいたまコープの子育て支援活動の様子＝『CO・OP navi』2009年1月号から

ェスティバルは、出展１１０団体、入場者数２万人と前年を上回りました。全国規模のフェスティバルは、08年まで４回開催され、その後は全国各地の生協の主催でこうしたイベントが行われるようになりました。

若い組合員の子育てを支援する、あるいは子育て中の組合員同士が交流、励まし合う活動も、「子育てひろば」を中心に全国各地で広がりました。生協の店舗や組合員施設などを使って、親子が遊び・交流する子育てひろばは、誰でも気軽に立ち寄れるところに特徴があります。子育てひろばの取り組みは、２０００年は２生協に過ぎませんでしたが、10年は53生協・４１８カ所と急速に広がりました。

新たな社会システムの実現——食品安全行政と消費者行政

ＢＳＥや雪印食品の牛肉産地偽装事件などが発生する中で、消費者・組合員の食品の安全をめぐる社会的な仕組み＝法や行政の施策への関心が高まりを見せていきました。

中でも１９９９年から取り組み、生協の組合員を中心に１３７３万筆を超える請願署名を集めた食品衛生法の抜本改正を求める活動は、歴史に残る大運動でした。この運動では国に法改正を求める意見書の採択を地方議会に要請する行動に各地の生協、県連が取り組み、全国で県議会43件を含む９７２件の意見書採択を実現しました。国会請願に当たっては、全国の生協組合員や職員が地元選出の議員との懇談などを重ね、衆参全議員の約４分の３の紹介を得て、請願が２０００年秋の臨時国会に提出されました。しかし、請願の内容に国会のルールにそぐわないものがあり、この時は採択には至りませんでした。そこで、食品の安全を願う多くの人々の思いを胸に、表記の仕方を工夫し生協の代表者名で再請願を行い、01年秋の臨時国会で採択されました。

食品衛生法の抜本改定を求める「9.21『1000万署名を獲得しよう!』全国組合員集会」＝2000年9月21日、日本生協連資料室資料から

生協では引き続き02、03年度と食品衛生法改正と併せ食品安全基本法の実現、食品表示制度の抜本見直しなどを目指す運動に取り組み、組合員の学習を広めるとともに、他の消費者団体とも連携し、各政党などへの働き掛けを強めました。その結果、03年5月、改正食品衛生法、食品安全基本法が公布され、内閣府に食品安全委員会が設置されました。

また、全国消団連は03年秋に「消費者保護基本法の改正試案」を発表し、日本生協連はその試案を基に学習・要求の集会などを開催、各生協・県連は各地方議会に消費者保護基本法改正を求める国への意見書採択を要請する取り組みを進めました。そして04年、初めて「消費者保護」と共に「消費者の権利」が盛り込まれた消費者基本法（改正消費者保護基本法）が制定・公布されました。

これらの成果の下、日本生協連は全国消団連と共に消費者団体訴訟制度の実現を目指す取り組みを進めました。04年に日本生協連も参加して、同制度の受け皿となる組織として消費者機構日本（COJ［コージェイ］）が立ち上げられ、大阪では05年暮れに消費者支援機構関西（KC's［ケーシーズ］）が発足しました。06年5月に、消費者契約法が一部改正され、消費者団体訴訟制度が成立しました。

さらに、09年には消費者の視点から政策全般に取り組み、監視する行政組織として、消費者

庁と消費者委員会が発足しました

この間、このような国の法制度の見直し・改正と併せ、自治体などの食品安全行政、消費者行政の充実強化を求める取り組みが前進し、食品安全条例の制定や消費生活条例の抜本改正など、多くの成果を上げました。

長崎県生協連・日本生協連の「被爆60年ピースコンサート」＝2005年8月

平和・ユニセフ・自然災害被災者支援の取り組み

生協の全国的な取り組みである平和行進と8月の「ヒロシマ・ナガサキ行動」は、2002年から「ピースリレー」と「ピースアクションinヒロシマ・ナガサキ」に改称し、その取り組みもより参加しやすい地域ごとの多様な企画が生かされるものに変わりました。

核兵器廃絶を求めてきた生協では、未臨界核実験を含むあらゆる核実験に対して、抗議文を送ってきました。アメリカのイラクへの武力攻撃の際には、日本生協連をはじめ多くの生協が「平和的解決を求めるアピール」を出しました。

新潟県中越沖地震被災者の仮設住宅への引っ越し支援の様子＝2007年8月、コープにいがた提供

生協のユニセフ活動は、引き続き募金活動を中心に取り組まれ、毎年2億円～3億円の募金が寄せられました。とりわけ、04年暮れに発生したスマトラ沖地震・津波など、世界各地で発生する大規模な自然災害に対しては、その都度、緊急募金が取り組まれ、毎年寄せられる一般募金、支援先が指定された指定募金にこれらの緊急募金を加えると、4億円を超える募金が集まった年もありました。

また、この間、日本国内でも、地震、集中豪雨、噴火など、さまざまな自然災害が各地で起こり、その都度、生協では被災者支援の義援金が集められ、緊急支援物資やボランティア派遣などが取り組まれました。

環境保全の取り組み

環境保全の取り組みでは、組合員による環境測定活動や容器リサイクル活動、マイバッグ運動やレジ袋削減の取り組みなどに加えて、生協の事業面での取り組みが広がりました。環境配慮の商品づくり、店舗や車両の温暖化対策、廃棄物の削減など各分野に広がるとともに、2007年11月段階で、88の生協で環境保全のマネジメントシステムの国際規格であるISO14001の認証を取得し、温暖化防止自主行動計画の策定が進みました。

国際連帯――アジア中心の交流・連帯

生協の国際的な交流・連帯活動は、1990年代に引き続き「アジア生協協力基金」を活用した企画を中心に進められました。同基金は主にICAアジア・太平洋地域の「生協開発プロジェクト」として実施される研修生の受け入れなどに活用されてきましたが、2000年から会員生協による企画も対象とし活用が広がりました。

日本生協連はICAの諸企画に参加し、アジア・太平洋地域の生協の活動や男女共同参画活動を支援し、シンガポール事務所（その後、マレーシアに移転）への人材派遣などを続けています。05年には中国の協同組合連合会の中華全国供銷合作総社《きょうしょうがっさくそうしゃ》との間で交流50周年記念事業を行い、覚書を交わしました。

2001年４月に決定したICAのロゴマーク

5．商品をめぐる不祥事と品質保証の再構築

商品をめぐる不祥事の発生

２０００年代は、生協の商品事業、とりわけＣＯ・ＯＰ商品への信頼を大きく損なう事件が発生しました。

02年の全農チキンフーズをはじめとして、生協の取引先での食肉の偽装などの不祥事が相次ぎました。商品の産地や原料表示の偽装は「食品の安全」をうたう生協にとって大きな問題でした。

全農チキンフーズ問題ではコープネット事業連合は直ちに「鶏肉偽装事件に関連して商品事業のあり方を検討する委員会」を設け、産直を含む商品政策を表示問題や品質管理、取引先管理など全般にわたり検討し、その考えを会員生協の組合員に報告、組合員の理解を得ました。

その後も同様の事態が牛肉、豚肉などで各地の生協の取引先で発生しました。それぞれの生協では、そのような不祥事や事故を再発生させないため取引先・産地や表示などの一斉点検を

するとともに、表示基準、商品管理システムなどの見直しが行われました。

CO・OP商品の品質保証の再構築

しかし、こうした中で、２００７年に日本生協連の「CO・OP牛肉コロッケ」の原料加工委託先ミートホープ㈱による原料肉偽装事件が起きました。さらに08年には「CO・OP手作り餃子」の中国の製造工場で農薬混入事件が続けて発生しました。商品を利用した組合員に重篤な中毒被害が起きて、日本生協連は社会から厳しい批判を受け、「生協クライシス」といわれる事態になりました。

海外の工場での商品生産立ち会いの様子(上)と日本生協連組合員サービスセンターでの電話対応の様子(下)

日本生協連では、事件発生後、被害を受けた組合員への対応と原因究明とともに、直ちに設置した有識者による第三者検証委員会の報告を踏まえて「コープ商品の品質保証体系

2003年9月に落成した日本生協連の商品検査センター新館（埼玉県蕨市）

の再構築計画」を策定し、商品についての組合員からのお申し出への対応強化を進めました。特にＣＯ・ＯＰ商品に関する情報は全国で一元管理できるようにし、全国の生協と共同で被害拡大防止を図る仕組みを整備し、異味異臭成分の特定を日本生協連の商品検査センターで実施できるようにするなど、危機管理の体制を強めました。

さらに、輸入食品や製造工場の管理、商品検査などの強化により、商品開発段階から原料、製造、物流、食卓までのフードチェーン全体で、リスクを監視する仕組みを充実させました。

6．生協法の改正と連合会の組織整備

生協法制定以来、初めての大幅改正

戦後の混乱が続いていた１９４８年に制定された生協法は、その後、何度か改正がありまし

たが、半世紀にわたる社会の発展状況に対応できない点などが多く、抜本改正が大きな課題でした。日本生協連は2003年に「生協法改正検討小委員会」を設け、05年秋には日本生協連の改正要求案に基づき、各地連でフォーラムを開催し、会員生協における合意形成が図られました。

厚生労働省をはじめ、国会議員や商工団体などへの働き掛けが進められる状況の中で、06年7月に厚生労働省は「生協制度見直し検討会」を設置、同検討会は「中間とりまとめ」に続き同年暮れに「最終とりまとめ」を発表しました。その内容は組織・事業の到達点を踏まえ、理事会・監事会など機関運営・ガバナンスの強化、県域規制や員外利用規制についての一定の規制緩和、共済事業についての「契約者保護と経営の健全性の確保」の措置をうたったものでした。また、医療・福祉事業の明文化も図られました。

厚生労働省の検討会の「とりまとめ」の内容について、日本生協連および会員生協は基本的にこれを受け入れ、07年の通常国会で法改正が実現するよう関係各方面に働き掛けを強めました。

その結果、生協法改正案が同年4月20日の参議院本会議と5月8日の衆議院本会議において、いずれも全会一致で可決・成立しました。国会審議では政府および各党議員から生協の果たしている社会的役割を評価する発言があり、法制定以来59年ぶりの大幅な改正が実現しました。マスコミも「約60年ぶりの抜本的改正」と報道し、日本生協連は「生協法改正法案の成立を機に、より社会的責任を果たし、地域社会に貢献するため、努力を重ねます」との声明を出しました。

連合会の組織整備

日本生協連は、2002年度に組織運営等検討小委員会で連合会組織のあり方を検討し、04年に地連の再編（北海道・東北地連の統合と関西地連から分離して中四国地連を設置）を行いました。全国連合会については「事業領域別・属性別連合組織の関係整理」として、各地に独立した事業連合を持つ大学生協については日本生協連との重複加入の解消（原則は全国大学生協連としての一括加入）、専門性が高くすでに一定の規模となっている医療部会の独立した連合会の検討をうたいました。

この方針に基づき、各大学生協は日本生協連脱退の手続きを進め、05年度末には大学生協は、18組合（主要生協と事業連合）を残し、全国大学生協連会員の118組合が日本生協連を脱退しました。

08年には、日本生協連から共済部門（共済事業センター）が分離して、コープ共済連が設立されました。また、10年には医療部会が独立して、医療福祉生協連が設立されました(２０００年代に入り、医療生協が福祉事業にも取り組み、多くの生協に広がったことから、呼称も医療生協から医療福祉生協へと変更しました)。

これらの組織整備によって、日本生協連は地域生協を中心としながら、学校生協による学協部会と職域生協による職域協議会を組織内に持ち、五つの全国連合会(全労済、全国大学生協連、全住連、コープ共済連、医療福祉生協連)が参加する組織となりました。

7. 各分野の生協の取り組み

職域生協──職域生協は、バブル崩壊後の経済の低迷の中で、母体企業の生産拠点の海外移転、技術革新による省力化などを含む組織基盤の変動とリストラなどによる組合員の減少、福利厚生施策の変化による売店や食堂の外部業者との競合など、これまでにない試練の中にありました。そのため解散する生協が続き、職域生協協議会の会員数は、２０００年の１１６組合から09年は73組合まで減少しました。県庁・市役所生協や居住地職域生協の減少は若干で、解散などで脱退したのは、ほとんどが職場職域生協でした。
事業経営をめぐる状況は厳しく、職域生協協議会の下に店舗事業研究会と食堂事業研究会を設け、研修・交流、改善課題への取り組みを続けました。また、03年に職域生協中期経営政策小委員会を立ち上げ、05年に10年を目指す政策がまとめられました。その後は「第1次中期経営政策」（10年度~12年度）を皮切りに、3年ごとに事業経営の現状認識と課題への取り組み方針を全国の職域生協に提起し、共通した認識の下に協力した取り組みを始めました。

学校生協――学校生協では少子化が進む中で児童や教職員の減少などとともに、02年に完全週5日制の実施、新指導要領書の導入が始まり、組合員である学校教職員の多忙化、管理強化が進みました。学校内での生協の事業活動が一定制約されることもあり、供給高の減少につながりました。しかし、サービス事業を中心とした手数料事業が進みました。また、大阪教育大学付属池田小学校の事件を契機に「学校パトロール」による地域社会に貢献する学校生協が増加しました。
学協部会は01年「21世紀初頭ビジョン」、05年「学校生協21世紀新ビジョン」を作成し、組合員を取り巻く環境変化に対応すべく指針を提起し、3カ年ごとの中期計画で具体的な課題の実践を目指しました。しかしながら、07年4月には青森県学校生協が経営破綻に陥り、県単位の学校生協では初めての解散となりました。このことを受けて、全国の学校生協では経営に関する課題や問題点の共有を行いました。

08年の生協法の改正もあり、コンプライアンス経営ならびに機関運営の強化の中で、生協会計基準にのっとった議案書の作成を進め、会計士評価では8割以上の県で改善が進みました。また、学校生協間の連帯活動として00年代後半に、北関東エリアと西宮北DCを中心としたエリアで物流や企画の統一を試みる活動が始まりました。

大学生協──文部科学省が01年に「国立大学の構造改革」をうたってから、国立大学を中心に「大学激変時代」を迎え、04年には国立大学が法人化されました。

大学生協連はこのような情勢の変化に対応する「ビジョンとアクションプランづくり」を提起、01年以降、各生協でその策定が進みました。そこでは「大学社会の一員としての大学生協の役割」などが確認され、国立大学法人との間ではあらためて関係を確認する協定書締結などが進められました。大学運営費の削減の中で一部の国立大学ではコンビニ店舗の導入などもありましたが、生協と大学との共同事業の追求も行われました。

06年の大学生協連第50回通常総会では、「21世紀を生きる大学生協のビジョンとアクションプラン」を採択し、「変化の時代」にふさわしく「大学のパートナーになる」という主旨から、「協力」を加えた「協同・協力・自立・参加」を設定し、これらの四つの使命を提起しました。

10年6月には、改正生協法に伴い、共済事業専業の全国大学生協共済生活協同組合連合会（大学生協共済連）を設立しました。次いで、10月に大学生協連の支部（地域センター）を「ブロック」に改称して、その機関運営を廃止し、事業連合との一体的運営を目指して、地域センター事務局と事業連合内局の一体運営と総合的な意思形成を促進することとしました。

医療福祉生協――医療部会は01年に第3次5ヵ年計画「未来をひらく21プラン」を策定、各医療生協では21プランに基づき、組合員による「夢マップづくり」（保健・医療・福祉のネットワークのあるまちづくり）運動が進みました。また、開かれた保健・医療・介護事業を目指したカルテ開示運動や、品質認証のISO9001の取得が広がりました。05年には「医療生協がめざす健康習慣―健康増進の『8つの生活習慣』と『2つの健康指標』」「組合員・利用者・職員がともにめざす医療生協の介護」が組織確認され、全国の医療生協に浸透していきました。

08年4月に施行された改正生協法を機に、医療部会運営委員会は医療・介護事業に責任を持つ存在に発展すること、日本の生協運動に新たな可能性を広げることなどを目指して、全国の医療生協に連合会設立を呼び掛け、連合会設立に向けた全国討議が始まりました。10年1月に連合会設立に向けた設立趣意書を確認し、7月の創立総会を経て医療福祉生協連を設立、10月に事業を開始しました。

労済生協――全労済は自然災害共済（00年）、介護保障付総合医療共済（01年）、離退職者団体生命共済（02年）、新長期生命共済（04年）などの商品を開発し、こくみん共済などの制度改善（05年）を進め、コンビニエンスチャネルの拡大などサービス向上に努めました。生活保障プランナーや相談員の養成などに力を注ぎ、生活保障設計運動を進め、引き続きホームヘルパー養成講座の実施など介護サービス事業にも取り組みました。

全労済は07年の創立50周年において「全労済の理念」と「3つの信条」を制定しました。この理念を将来にわたる最上位概念として、また、変わらぬ価値観、事業運営における基本的な価値・態度・信条として明文化を図りました。

住宅生協――それまで全住連の会員である住宅生協などの事業は特殊法人・勤住協の委託事業が大きな比重を占めていましたが、政府の行財政改革の下で勤住協事業の見直しが進み、全住連はその事業の継続や既存事業のフォローアップ問題に取り組みました。

会員の住宅生協などの住宅分譲事業は小規模開発、注文住宅にシフト替えし、リフォーム・管理・仲介事業などの分野に移りました。

第8章
被災地復興支援と地域社会づくりへの参加（2010年代）

Co-operative
enterprises build
a better world

2013年のICA総会で発表された「協同組合のアイデンティティ」を示す共通シンボル「グローバルコープマーク」

1．2010年代の情勢と生協の概要

2010年代の情勢

2011（平成23）年3月11日、東北地方の太平洋沿岸を中心に東日本大震災が発生、地震と津波による未曽有の大災害となりました。また、津波により東京電力福島第一原子力発電所では核燃料がメルトダウンを起こす大事故が発生し、放射能汚染が広がりました。数十万人の人々が避難する事態となり、漁業・農業をはじめとした地域の産業にも甚大な打撃を与えました。

その後も毎年のように、地震、台風や集中豪雨、豪雪、火山の噴火など、自然災害が頻発化し、深刻化するようになりました。

10年代になり、日本は、本格的な人口減少・少子高齢社会になりました。20年までの10年間で、日本の人口は約270万人減少する一方、65歳以上の高齢者は約700万人増加、全人口に占める高齢者の割合は29％に急上昇し、超高齢社会になっています。また、晩婚化、晩産化

が進む中、家族のあり方の多様化が進むとともに、50歳時未婚割合も上昇し、出生者数が19年には86万人台まで減少し、さらなる少子化が進行しています。

夫婦と子ども世帯が減少する一方で、単身世帯や二人世帯の増加が進み、人口減少の中でも、総世帯数は増加を続けました（10年5336万世帯から20年5907万世帯へ571万世帯増加）。農村部から都市部への人口集中が進んで、地方での人口減少が顕著になり、首都圏への一極集中が進みました。

地域間格差や所得格差が広がり、子どもの貧困が深刻な社会問題になりました。高齢者をはじめ生活保護受給者数は増加し、20年1月には206万人となっています。14年と19年の2回の消費税増税の実施により、消費税の税率は5%から8%、さらに10%（食料品などは軽減税率の8%）へ引き上げられました。また、社会保障制度の改定が進められ、年金・医療・介護などの社会保険料が段階的に引き上げられていきました。

平和と基本的人権をめぐっても動きが見られました。国家安全保障会議（日本版NSC）の設置、特定秘密保護法の制定・施行、武器輸出三原則の見直し、日米防衛協力の指針（いわゆるガイドライン）の抜本改定、集団的自衛権の行使を容認した憲法解釈の変更などを含む安全保障法制の制定・施行、防衛予算の大幅拡大、組織犯罪処罰法改定（いわゆる「共謀罪法」、政府呼称は「テロ等準備罪法」の制定・施行）などが行われ、日本国憲法の改定論議も進められるなど、平和主義、立憲主義、民主主義のあり方が大きく問われました。

地球規模での気候変動、飢餓・貧困・格差など、全世界が直面する課題に立ち向かうために、15年の国連持続可能な開発サミットで「持続可能な開発目標（ＳＤＧｓ）」が採択されました。ここでは、30年を目標年次とし、人間・地球・繁栄のために実行すべき行動計画として、17の分野別目標と１６９のターゲットが掲げられました。

生協の事業を取り巻く情勢では、食品市場が縮小する中で競争が激化し、食品スーパー業界も淘汰・再編が加速し、寡占化が進行しました。流通・小売業全体では、商品分類や業態の垣根を越えて異業種間の連携の動きが広がりました。また、流通各社のＰＢ商品も本格的に拡大しました。

10年代はスマートフォンが急速に普及し、ＩＣＴ（情報通信技術）の活用が大きく広がりました。インターネットを利用した情報取得や商品購入、ＳＮＳでのコミュニケーションなどが広がり、流通分野でもネット通販やネットスーパーをはじめとして、インターネットの活用が急速に拡大しました。モノとインターネットを接続するＩｏＴやビッグデータ、人工知能（ＡＩ）など、急速な技術革新（イノベーション）が進みました。

２０１０年代の生協運動の特徴

全国の生協の組合員数は、２０１０年度の２６２１万人から21年度中に３０００万人に達する見込みです。総事業高も10年度の３兆３２１８億円から19年度には３兆５４９４億円になり、約２３００億円増えました。個配が急速に拡大して、11年度に１兆円を突破、19年度には１兆３２９８億円に到達し、班配や店舗事業の減少をカバーしました。宅配事業におけるインターネット供給金額も、10年度に１８０９億円だったものが、19年度には３３６０億円と成長しました。

共済事業は、それまでの急速成長からは新規加入者の伸びが鈍化したものの、契約者数、受入共済掛金が共に伸びて、20年度には９００万人、２０００億円に到達しました。

日本生協連は、11年6月の通常総会で「日本の生協の２０２０年ビジョン」（以下、２０２０年ビジョン）を圧倒的多数の賛成で決定しました。２０２０年ビジョンは、「10年後のありたい姿」を「私たちは、人と人とがつながり、笑顔があふれ、信頼が広がる新しい社会の実現をめざします」とし、「地域の誰もが参加できる生協をめざして生涯を通じて利用できる事業・サービスを創り上げ、２０２０年にはそれぞれの地域で過半数世帯の参加をめざします」を目標として掲げました。

地域生協（約120生協）の19年度末の組合員数は2266万人、世帯加入率の全国平均は38％でした。

11年に発生した東日本大震災では、全国の生協が発災後即座に緊急物資支援活動を行い、復興段階では被災地復興支援「がんばろう東日本」に取り組みました。その後も熊本地震をはじめ、相次ぐ自然災害において、地域の復興支援の取り組みが行われました。

12年は国連が定めた国際協同組合年（IYC）で、多くの協同組合が連携して、2012国際協同組合年全国実行委員会が組織されました。同委員会は、神戸で開催された国際協同組合同盟アジア太平洋地域（ICA-AP）の地域総会の開催と併せて、18カ国、約500人の参加を得て協同組合フォーラムを共催するなど、さまざまなイベントに取り組みました。

13年に、国内製造の冷凍食品への農薬混入事件が発生し、当該工場で製造していたCO・OP商品および他社PB商品を含む全商品が回収されました。この事件は、中国製冷凍ギョーザ事件以来、日本の食品業界全体の問題であった、意図的な犯罪を防ぐことの困難さをあらためて認識させることになり、全国の生協が協力して品質保証体制を強化し、予兆把握や事故発生時の対応力を上げていくことになりました。

14年度〜15年度にはCO・OP商品への信頼と愛着を広げる取り組みとして「ラブコープ・

2014年度～15年度のラブコープ・キャンペーンのキャラクター「ラブコ」

キャンペーン」が展開され、各地でコープ商品総選挙や店舗内でのイベント、組合員参加のフェスタなどが開催されました。

16年に、日本生協連は通常総会で「2020年ビジョン第2期中期方針」を確認しました。特に全国の生協が力を合わせて取り組む三つの重点課題として、①安心してくらせる地域社会づくりへの参加、②商品力の強化を通じた組合員のくらしと生協の経営への貢献、③生協の未来を担う人材の確保と育成を掲げました。この方針に基づき、17年には「全国生協・人づくり支援センター」が発足し、採用・人材育成・人材コネクト（生協間で人材をつなぐ支援をする仕組み）などの取り組みが始まりました。

2. 東日本大震災と相次ぐ災害の復興支援の取り組み

東日本大震災発災後の緊急支援

２０１１年３月11日14時46分、東北地方の太平洋沿岸を中心に、東日本をマグニチュード９・０という巨大地震が襲い、その後の広範囲にわたる津波により、死者・行方不明者（震災関連死を含む）が２・２万人を超える甚大な被害を発生させました。40万戸近い住宅が全壊・半壊したほか、東京電力福島第一原子力発電所の大事故も発生し、45万人を超す人々が避難生活を余儀なくされました。

被災地の生協は地震発生当日に対策本部を設置し、被災者への物資供給に努めました。また、行政などからの要請に応えて自治体や避難所に支援物資を届け、同時にその他の運搬の協力要請にも生協の配送車両を提供しました。医療福祉生協は医師や看護師、薬剤師などを被災地に派遣し、医療相談などを行い、医薬品や衛生用品を届けました。

全国の生協と日本生協連もいち早く支援活動を開始し、発災直後１カ月半にトラックで延べ

東日本大震災の際、全国から支援に駆け付けた生協の車両＝2011年3月

1190台、支援者延べ3587人が派遣され、約百万点の物資支援が行われました。全国大学生協連は大学生協仙台会館に現地対策本部を設置して、「大学生協ボランティアセンター」を開設し、学生組合員のボランティア活動を進めました。

また、全国の地域生協の役職員は、CO・OP共済の加入者訪問活動にも取り組み、全国64生協から延べ2800人が参加し、約3万人の加入者を個別訪問したり、避難所でも異常災害見舞金や共済金の請求の受付を行いました。全労済も迅速な支払いを最大の使命とし、延べ3万5685人の職員を動員して、全役職員の総力を挙げて被災者対応に取り組みました。

3.11後に被災復旧演習を兼ねて開催された東京都生協連「コープ災害ボランティアネットワーク交流会」＝2011年7月、東京都生協連提供

復興支援の取り組み

東日本大震災と原発事故による被害は甚大で、復興までの道のりは長期化し、全国の生協による復興支援は10年にわたる取り組みとなっています。支援の内容は、発災直後の食料品をはじめとした物資支援などの対応から、避難所での炊き出し、被災地の清掃ボランティア、仮設住宅でのコミュニティーづくりの手伝いなどへと重点が変わっていきました。

10万人以上の人々が避難生活を送る中で、住民の精神的なケアが大きなテーマとなり、「ふれあいサロン」など仮設住宅でのお茶会や、県外へ避難した人々へのサポート、福島子ども保養プロジェクト(コヨット！)といった被災地の子どもたちとその保護者の保養企画など、被災者の心に寄り添った被災地支援が行われました。

また、生協の事業を通じた継続的な支援を行おうと、全国の店舗や宅配事業で被災地支援キャンペーンが取り組まれました。津波によって壊滅的な被害を受けた被災地沿岸部の生産者、原発事故による風評被害に悩まされる福島の生産者、産直などでつながりのある生産者など、被災地の生産者を支援する取り組みも展開されました。

被災地の宮城県では、２０１１年７月に県内の協同組合やメーカー、第一次産業従事者などが「食のみやぎ復興ネットワーク」を立ち上げ、地場産商品の開発や被災地の復興支援に取り組みました。同ネットワークの思いを引き継ぎ、「古今東北《ここんとうほく》」という宮城県にとどまらない東北地方の食のブランドがつくられ、現在もアイテム数と供給が拡大しています。

また、ボランティア活動をはじめとした被災地支援の取り組みにも、初年度約８万人、その後も毎年多くの役職員、組合員が参加しました。

さらに、組合員活動でも、被災地への贈り物をつくったり、募金活動を展開したりと、自分たちのできる範囲で、できるだけのことをやろうという取り組みが広がっていきました。生協における募金活動は、初年度34億円を超える義援金が集まり、被災地の地方自治体を通じて被災者に届けられました。また、12年度までに日本生協連が全国の生協に呼び掛けた「つながろうＣＯ・ＯＰアクションくらし応援募金」が約３・５億円集められ、その後も毎年１億円前

西日本豪雨(平成30年7月豪雨)の被災地では、通行止めとなった道路を徒歩で宅配の商品を組合員宅まで届けた＝2018年7月、おかやまコープ提供

後の募金が寄せられました。発災後の9年間で寄せられた募金（義援金、支援金などを含む）総額は、約44億円に達しています。

相次ぐ自然災害の被災地の復興支援

東日本大震災以降も、熊本地震をはじめとした地震、台風や集中豪雨などによる大規模な自然災害が、全国各地で発生しました。その都度、生協は被災者支援・被災地復興に向け即座に立ち上がり、食料品などの緊急支援物資の手配やお届け、ボランティア派遣や募金活動、CO・OP共済の見舞金・共済金支払いなど、さまざまな支援活動を行いました。

人と人とが協同し、その力でより良いくらしを目指す組織である生協。その原点に立ち返り、発災後の緊急支援のみならず、災害前の防災・減災のための取り組み、ＢＣＰ（事業継続計画。災害などの緊急事態が発生した時に、損害を最小限度に抑え、事業の継続や復旧を図るための計画）の取り組みを進めること、そして、大災害を忘れない、風化させないための取り組みが、各地域や行政などから期待されています。

3．ふだんのくらしへの役立ち

個配事業のさらなる伸長

宅配事業では、取り扱い品目の拡大、インターネットの注文サイトやスマートフォン用注文アプリの開発・改善、個人のニーズに対応した取り組みが進み、この10年間の事業を支えました。２０１０年度に全国の地域生協で１兆５９５４億円だった宅配事業の供給高は、19年度には１兆８４１８億円と、約２４６０億円伸長しました。とりわけ、この10年間でも個配が大きく伸長し、10年度９５７１億円だった供給高は、19年度に１兆３２９８億円となり、生協の宅配事業全体に占める割合も60％から72％へと増えました。

しかし、ここ数年でさまざまなコストが増加し、宅配事業の経常剰余率も15年度３・５％から19年度2・8％へと低下傾向にあり、対策が必要になっています。さらに、1人あたりの利用金額の低下が顕著であり、とりわけ30代の利用金額が10年前と比較して大きく低下するなど、若い世代にとって魅力あるものにしていくことも大きな課題となっています。

店舗事業では、不採算店舗の閉店や店舗配置の見直しなどにより、全国の生協の店舗数は10年度の1040店舗から19年度961店舗へと79店舗減って、供給高も10年度9353億円から19年度8966億円へと減少しました。

生鮮・惣菜部門の強化や店舗のスクラップ&ビルドなどを続けて、黒字化もしくは経常剰余を改善している生協がある一方、赤字を抜け出せずに、さらに悪化する生協も多く見られるなど、生協間での差が大きく広がりました。経常剰余率も、15年度には全国平均で△1・1％まで赤字が縮小しましたが、その後は再び悪化して、19年度は△2・3％となりました。個々の生協の取り組みだけでなく、事業連合や全国の生協の連帯の力で、黒字化に向けた支援をしていく体制づくりが課題となっています。

CO・OP商品事業では、14年度から全国の生協で組合員と職員が一緒になって、CO・OP商品の良さを伝え、分かち合うラブコープ・キャンペーンの取り組みが大きく広がりました。15年には日本生協連のCO・OP商品のブランド刷新が取り組まれ、「想いをかたちに SM

CO・OP商品がこれまでも大切にしてきた「変わらない原則」を、
もっと広く伝えるために、あらためて「ブランドステートメント」というかたちで宣言します。

ブランドメッセージ

想いをかたちに

SMILING CO・OP

一人ひとりの想いから生まれるCO・OP商品。
「おいしいね」「なるほどいいね」
今日もあなたに笑顔を届けられますように。

5つの約束

❶安全と安心を大切に、より良い品質を追求します。
❷くらしの声を聴き、価値あるものをつくります。
❸想いをつなぎ、共感を広げます。
❹食卓に、笑顔と健康を届けます。
❺地域と社会に貢献します。

CO・OP商品ブランド刷新時のブランドステートメント＝『CO・OP商品通信』Vol.11（2015年1月発行）から

ILING CO・OP」というブランドメッセージと「5つの約束」からなるブランドステートメントが宣言されました。サブブランドの「コープクオリティ」や子育て世帯を応援する乳幼児向けの「きらきらステップ」シリーズ、地域や環境、社会や人々に配慮している「エシカル消費」に対応した商品の開発、「ヘルシーコープ」として健康をテーマとした商品配置や情報提供の取り組みが進められました。

各地の生協・事業連合においても産直原料を使用した商品開発、調理時間の短縮ができるミールキットなど、世代別・ニーズ対応商品が強化されました。

流通各社のＰＢ商品の開発競争が激しくなる中で、魅力ある商品づくりとともに、需給管理や商品切り替え時の対応など、生協全体の管理レベルの向上が課題となっています。

共済事業と福祉事業の拡大

ＣＯ・ＯＰ共済事業では、商品改善やサービス向上に取り組み、２０１２年誕生のＣＯ・ＯＰ共済キャラクター「コーすけ」が「ゆるキャラ®グランプリ２０１３」の企業・その他部門で１位を獲得したほか、テレビコマーシャルの宣伝も効果を上げ、加入者数は堅調に拡大しました。10年度に７４３万人だった加入者数は、19年度には８９２万人となり、20％増えました。受入共済掛金も、10年度の１４５９億円から19年度１９４８億円へと33％伸長しました（20年度に、加入者数は９１０万人、受入共済掛金は２００９億円にまで伸長）。

共済金支払件数では、10年度に１１８万件だった

2012年に誕生したCO・OP共済のキャラクター「コーすけ」。コープの「コー」、たすけあいの「すけ」から名付けられた。

ものが、19年度には138万件となり、16%増えました。支払共済金額も、10年度の544億円から19年度689億円へと27%伸長しました。CO・OP共済は、支払手続きが簡単で短期間で支払われることなどが評価され、日本版顧客満足度指数（生命保険部門）において何度も1位になるなど、組合員の信頼を築いています。

また、大学生協共済連とコープ共済連が連携して、若年層への切れ目のない保障を実現する足掛かりがつくられました。人口減少・少子高齢化が進み、競争も一層激しくなる中で、全世代のたすけあいの輪を広げていくことが課題となっています。

福祉事業では、政府が構築を進める「地域包括ケアシステム」における役割を発揮するとともに、利用者の尊厳を守り自立を支援する「生協10の基本ケア」の本格導入が進み、生協の福祉事業のブランド価値向上に寄与しました。「生協10の基本ケア」とは、要介護状態になっても、これまでの普通の生活を大切にし、生活の質を高めることを目指しており、そのために、日常の行為に着目したケアを提供することで、自立を支援しようというものです。

10の基本ケアは、次の10点を指します。①換気をする、②床に足をつけて座る、③トイレに座る、④あたたかい食事をする、⑤家庭浴に入る、⑥座って会話をする、⑦町内におでかけをする、⑧夢中になれることをする、⑨ケア会議をする、⑩ターミナルケア（満足して最期を迎えられるようにする心身のケア）をする。これらは、ならコープが母体の社会福祉法人 協同福祉会が実践してきたケアの手法と考え方がベースになっています。

全国で地域生協の福祉事業の事業収入は、10年度160億円から19年度には218億円となりましたが、損益では生協間格差が大きく、経常剰余の全国平均は赤字が続きました。団塊の世代が後期高齢者になる25年に向けて環境が激変すると見られる中、生協の福祉事業としての中長期戦略づくりが取り組まれました。

4．地域社会づくりへの参加

生協の事業・活動のインフラを活用した地域社会づくりへの参加

2010年代は、宅配や夕食宅配で、一人暮らしの組合員や地域の高齢者と毎週、直接会う機会が多いという特徴を生かして「地域見守り活動」が広がり、全国の7割近い地方自治体と協定を締結しました。災害復興支援や自治体訪問で関係が深まり、自治体との包括連携協定の締結へ発展する事例も増えています。

買い物困難地域で移動販売事業に取り組む。地域や行政と連携した事業も増えている。写真は福井県民生協の移動店舗ハーツ便＝2015年2月、福井県民生協提供

夕食宅配や買い物弱者支援の取り組みも広がりました。09年にコープやまぐちで始まった夕食宅配は、19年度には、全国48生協、70万人を超える規模となりました。移動販売車も同年度28生協で199台が買い物困難地域などを回っており、買い物代行や買い物バス、店舗で購入した商品の自宅への配達、宅配の注文品を自宅外で受け取れるステーションの設置など、生協のインフラを活用した社会的な役割の発揮も進みました。

また、店舗事業では、組合員や地域のコミュニケーションの場ともなるイートインスペースの整備が進みました。

1989年にコープこうべの「クレリ葬」から始まった生協の葬祭事業は、料金体系に不透明な部分が多いといわれる業界に働き掛け、地域で築

いてきた生協への信頼を生かし、優良な事業者のあっせんや提携、直営で事業を行う事例が広がり、18年度には、33生協で葬儀件数が約1万6000件、総事業高が約55億円になりました。

また、地域の特産品や食文化を生かした地域密着型の商品づくりや、大学や自治体などと連携した健康づくりの取り組みも進みました。

人口減少・高齢化と自治体の財政難により、生活インフラの維持が困難になる地域が増えています。持続性のある取り組みをしていくために、生協の資源・強みを生かし、自らデザイン・発信する提案力が求められています。

格差・貧困問題への対応――子どもの貧困問題への取り組みを中心に

格差・貧困問題への対応では、地域で自治体や諸団体と連携し、子ども食堂、子どもの学習支援、フードバンク・フードドライブ、奨学金問題、生活困窮者への相談・貸付事業など、幅広い取り組みが行われました。

2016年度には、日本生協連は「『子どもの貧困』に関する研究会」を設置し、この問題に取り組む意義、生協が果たせる役割などを整理し、取り組みの方向性を提言「『貧困』の連鎖をなくしていくために生協ができること〜子どもをひとりぼっちにしない地域づくり〜」に

「子どもの未来アクション」ロゴ

まとめました。

提言を受けて、18年度からはじまった「子どもの未来アクション」は、貧困をはじめとする子どもの問題を社会の問題として捉え、学び、考えることから、共感の輪を広げていく運動として展開されました。子どもの未来アクションの趣旨に賛同して、地域で学習会を開催し、講師役を担う個人もしくは団体を「子どもの未来アンバサダー」として登録しており、アンバサダーは、この問題の理解者、支援者を増やす活動を行っています。アンバサダー登録は、19年度末に５００人を超えました。

日本生協連の「２０１９年度 全国の生協の子どもの貧困への取り組みに関する調査報告書」では、子ども食堂が39生協、子どもの学習支援の取り組みが18生協、フードバンクが40生協、フードドライブが37生協で取り組まれています。

5．世界と日本社会への貢献

生協の環境・エネルギー政策、エシカル消費に関わる取り組み

環境分野では、日本生協連は会員生協と共に2020年に向けた環境政策を策定し、各テーマで取り組みが前進しました。生協の事業からのCO_2排出削減目標を20年度に05年度比15％削減と設定していましたが、17年度集計で、すでに21％削減に到達しています。15年のCOP21で採択されたパリ協定（京都議定書の後継）で、温室効果ガスの削減目標として「今世紀後半に実質ゼロ」が合意されたことを受けて、30年に向けた目標を大幅に引き上げ、新たなCO_2削減目標の設定と計画の整備が進められました（50年に90％削減、30年に40％削減／13年度比）。

商品事業では、17年から「エシカル消費」についての組合員学習が広げられるとともに、対応する商品の配置が積極的に取り組まれています。CO・OP商品では、MSC（海のエコラベル）やレインフォレスト・アライアンスといった国際的な認証を受けた商品、購入金額の一部が発展途上国に寄付される商品など、エシカル消費に対応した商品の供給高が1700億円を超え

る規模になりました（19年度）。

購入金額の一部が寄付される商品に、ＣＯ・ＯＰ商品のトイレットペーパー「ＣＯ・ＯＰコアノンロール」シリーズがあります。同シリーズの商品を１パック購入ごとに１円がユニセフを通じてアンゴラ共和国に寄付される「コアノンスマイルスクールプロジェクト」が、10年11月よりスタートしました。20年10月末までの10年間で、１億１０００万円以上の募金額となっています。

リサイクル（エコ）センターは、12生協に広がりました（19年度末）。また、生協の事業で発生する食品残渣を堆肥や飼料として活用する取り組みも進みました。１９８０年代から組合員によるマイバッグ持参の取り組みと併せて、生協は早くからレジ袋の有料化を進め、９割近い持参率となっていました。レジ袋の有料化は、20年から全小売事業者に義務付けられて、社会システムとなりました。

甚大な被害を及ぼした東京電力福島第一原子力発電所の事故を受けて、12年には新たに「生協のエネルギー政策」が策定され、原子力発電に頼らないエネルギー政策への転換を掲げ、省エネルギーの推進、再生可能エネルギーによる発電の開発と普及を進めました。

16年春には、家庭向けを含む電力の全面自由化が行われ、10年代の後半には、各地の生協が相次いで電気小売事業に参入、19年度末現在で21の生協・事業連合（子会社を含む）が小売電気事業者として事業を開始しています。19年度には、全国の生協で約29万世帯まで広がり、電気小売事業高は約350億円となりました。一般家庭を含む低圧電灯の分野での販売電力量は、新電力9位（20年8月現在）のポジションとなり、再生可能エネルギーの電気の普及・拡大にも貢献しています。

平和・国際協力の取り組み

平和の活動では、2016年度から核兵器廃絶を求める被爆者の思いを受け止めた「ヒバクシャ国際署名」の取り組みが開始され、生協では280万筆を超える規模に広がりました（20年度）。ピースアクションinヒロシマ・ナガサキでは、「子ども平和会議」など、子どもたちを主体とした取り組みが進みました。「沖縄戦跡・基地めぐり」は、19年度に第36回となり、毎回、全国から200人前後の組合員・役職員が沖縄を訪ねて、戦争の実相や集中する基地の現状を学んでいます。被爆者や戦争体験者がいなくなる時代を見据えて、被爆・戦争体験と平和への思いを次世代へ継承していく取り組みが大きな課題となっています。

また、10年代は平和と基本的人権をめぐって、さまざまな動きがあり、日本国憲法の改定論議も進められる中、憲法問題などに関わる学習会が数多く開催されました。日本生協連もこれらを進めるための学習ツールとして、その時々のテーマに合わせて、憲法問題学習資料を６回発行しました。とりわけ、集団的自衛権の行使容認を含む安全保障法案に対しては、43都道府県にある90を超える生協が、廃案や慎重な審議を求める意見書の提出や決議などを行いました。この安全保障法案の論議の中では、学者・文化人をはじめ、大学生・高校生などを含む幅広い年代での関心や行動の広がりが見られました。

１９８０年代にはじまったユニセフ募金活動は、毎年数億円の規模で継続的に取り組まれ、累計総額は２０２０年度に95億円を超えました。

国際協力活動は、引き続き「アジア生協協力基金」を活用した企画が取り組まれました。10年代では、新たにＩＬＯ（国際労働機関）企業局の協同組合ユニットとともにアフリカにおける協同組合の支援の取り組みが行われ、日本生協連からＩＬＯへの人材派遣も行われました。

くらしに関わる取り組み

２０１０年代には、２回の消費税増税が行われましたが、日本生協連では、すべての食料品への軽減税率の導入など、逆進性対策に取り組むよう国に働き掛けを行ってきました。

19年の8％から10％への増税の際には、外食と酒類を除く飲食料品などに軽減税率が導入され、8％に据え置かれることになりました。また、それぞれの生協では、消費税のあり方をはじめとした税制や社会保障のあり方・家計への影響について、学習活動が取り組まれました。

家計・くらしに関わる取り組みでは、1978年から始まった「全国生計費調査」が2017年末で終了する一方、くらしに関わる社会的発信や提言を行っていくための基礎データを得るため、18年1月より、Webモニターによる「家計・くらしの調査」がはじまりました。各地の生協でも組合員が家計を見直すきっかけづくりとして家計調査活動に取り組んでいます。

食料・農業問題に関わる取り組みでは、産直事業の展開、国産原材料を使った加工食品などの開発・品揃えと普及、組合員と生産者のつながり・コミュニケーションの強化、地産地消や6次産業化の取り組みなどが進められました。日本生協連では、国の「食料・農業・農村基本計画」が5年ごとに改定されていることに対応して、食料・農業問題検討委員会を開催し、国への意見書をまとめ、提出してきました（04年7月、09年10月、14年7月、20年1月）。

消費者に関わるさまざまな法制度の改善に向けた取り組みは、他の消費者団体や弁護士会などと協力して行われました。13年に消費者団体訴訟制度を不当な行為の差し止めだけでなく、被害回復まで行える制度へと発展させることができ、20年には特定適格消費者団体による最初の訴訟で勝訴するなど、成果も挙げています。差止請求を担う適格消費者団体は、全国で21団体にまで増加しました（19年末現在）。しかし、これらの団体は、法律に基づく公益的活動を担うにもかかわらず、その財政的基盤が弱いことから、公的支援も含めて持続的な活動の基盤を整えることが課題となっています。

6．元気な組織と健全な経営づくり、連帯のさらなる推進

元気な組織と健全な経営づくり

組合員組織では、組合員の意識の多様化と専業主婦の減少により、それまでの運営や活動のあり方では参加が難しくなっていました。こうした現状と課題を認識した上で、先進的な取り組み事例を共有し、運営方法の見直しや時代の変化に対応した活動参加のあり方について議論が進められました。総代・理事の担い手が不足する生協も出てきており、対策が必要となっています。

職員に関しては人手不足が深刻化する中、2010年代後半に生協の未来を担う人材の確保

と育成の取り組みが進められました。

例えば、インターンシップの実施、職場見学も兼ねた採用説明会、地域生協と大学生協が連携した就職説明会など、採用活動においてさまざまな取り組みが実施されました。また、入協初年度は、さまざまな業態や所属を経験する制度、あるいは先輩職員が新入職員の相談に乗るなどの支援をするメンター制度の導入といった新入職員定着の施策の強化、定年延長・再雇用制度の導入、休職者の職場復帰支援なども取り組まれています。

通信教育や研修など教育制度の充実のほか、日常の業務や理念の学習などを通じて、生協で働くことのやりがいや誇り、協同組合の価値を感じることができる機会を設けるなど、職員の育成強化も取り組まれました。長時間労働の削減、福利厚生や人事など各種制度の整備、年始の宅配の配送日、店舗の営業日や時間についての見直しなど、多様な職員が活躍でき、長く働き続けられる制度・環境の整備が行われました。また、マネジメントや業務のスキルアップの研修など、次世代幹部候補の育成も行われました。

17年度、日本生協連に新設された「全国生協・人づくり支援センター」では、全国の生協が連帯して、採用力の向上や職員の定着、人材育成の強化、人材コネクト、人事交流、女性幹部の育成などが取り組まれました。

日本生協連では、１９９５年から5年ごとに「男女共同参画に関する中期的行動課題」をまとめ、取り組みを推進してきました。２０１６年には「男女共同参画促進に関する今後の方向性と課題」をまとめ、職員分野の取り組みでは、①ワーク・ライフ・バランス、②女性活躍推進、③ダイバーシティの三つの視点から、取り組みを広げていくことを全国の生協に呼び掛けました。とりわけ、女性活躍推進においては、正規職員の女性比率が、10年度の14・3％から19年度には24・4％へと高まりました。

「日本の生協の２０２０年ビジョン」では、健全な事業経営を確立するために、全国の各生協は経常剰余率2％以上を安定的に確保することを目標としました。生協ごとにバラツキがあるものの、経常剰余率は15年度に全国平均で1・7％まで達しましたが、その後はコスト増などにより再び低下傾向となり、19年度には1・0％にまで落ち込んでいます。経営改善が進んだ生協がある一方、全体としては、店舗事業の赤字を宅配事業の黒字で補う構造が続いており、引き続き店舗事業の黒字化が重要な経営課題となっています。

コンプライアンス経営に関わって、12年9月には日本生協連の取引先への値引販売協力要請が下請法（下請代金支払遅延等防止法）違反に当たるとして、公正取引委員会から勧告を受ける事態となりました。日本生協連では、勧告への対応とともに、独占禁止法も含めて、業務の点検と改善に取り組み、法務リスク対応の強化に努めました。

連帯のさらなる推進と活動基盤の整備

２０１０年代も、各地の事業連合において連帯強化による事業改善の取り組みが積み重ねられたほか、新たに県域を越えた生協の組織合同や事業展開、事業連合と拠点生協の一体運営などの取り組みが広がりました。10年に、茨城県、栃木県、群馬県にあった三つのよつ葉生協が合併しています。11年には、コープこうべと大阪北生協が合併しました。13年に、ちばコープ、さいたまコープ、コープとうきょうが組織合同してコープみらいが、また、コープかながわ、コープしずおか、市民生協やまなしが組織合同してユーコープが誕生しました。東北では、19年にコープふくしまと福島県南生協がみやぎ生協と合併しました。

生協の商品事業では、全国の利用結集によりＣＯ・ＯＰ商品を育成する取り組み（ストロングアイテムづくり）や、共同事業の枠組み拡大が進みました。物流や品質保証の分野でも共同化が進みました。通販事業のカタログ事業には、全国のほとんどの地域生協が参加をするようになっています。

商品を活用したテレビＣＭなど、各地の生協でさまざまな認知度向上などの実践事例が生まれました。加入促進ポータルサイトには、全国の生協が参加しています。

このようにさまざまな分野で大きな進展があった一方、生協の全国連帯の基本的な構造は、この10年間で大きく変化しませんでした。

7．各分野の生協の取り組み

職域生協――職域生協は、2000年代に続き、母体企業や府県庁・市役所の環境変化を反映して、売店や食堂の出店数・規模の縮小を余儀なくされるところや、解散に至るところが多くなりました。職域生協協議会の会員数は、00年度の104組合から19年度末には54組合まで減少しました。

各生協では、厳しい経営状況を打開するべく、福祉事業・葬祭事業へのチャレンジ、共済・保険の紹介業務、指定店契約による手数料収入など、さまざまな形で事業や業務の多角化・拡大の努力を続けています。

職域生協協議会では、「第4次中期経営政策」（2019～2021）を打ち出し、各生協での中・長期計画策定を呼び掛け、複数年を見据えた事業構造改革や組織強化の方針を立てた経営を推進する活動を行っています。

学校生協——10年代に入り、学校生協では環境の変化もあり、若い教職員の加入が減少傾向となり、退職組合員の加入が増えました。それを受けて、学協部会では「退職組合員課題検討タスク」で論議を行い、退職組合員管理に対する組織的な見解を示しました。また、東日本大震災で被害を受けた各学校に対する支援を、学校生協でも積極的に行いました。

15年には、学協事業と用品事業の将来性を論議する中で、歴史的経過もある日本生協連学協支所と全国学校用品株式会社の両事業の統合を行いました。

コープ熊本学校生協は生協水光社と合併し、生協くまもとが14年に発足しています。兵庫県学校生協は、15年に地域化政策を終了するとともに学校生協を解散し、財団法人兵庫県学校厚生会に集約する中で、従来通りの事業を継続して進めることにしました。地域化を進めていた学校生協は、ほとんどの県で地域生協との統合や組合員の移籍を行い、一部の県を除き、地域化政策は終了しました。20年度には、地域生協と提携事業を行っている県は、岩手、富山、石川、広島、高知、福岡、大分、佐賀などとなりました。

大学生協——全国大学生協連は、11年2月に大学生をめぐる「リスク・リテラシー」に関する書籍『大学生がダマされる50の危険』を発行しました。さらに、悪質商法被害防止や急性アルコール中毒への注意を喚起する取り組みを継承し、15年6月より学生支援のあり方などについて研究する「学生の生活リスク講座」を開始しました。

18年11月には、「事業連帯の強化と革新をめざす」組織づくりとして、6地区の事業連合（北海道、東北、東京、東海、関西北陸、九州）が、各事業連合総会で合併を議決し、東京事業連合を存続法人とする広域事業連合「大学生協事業連合」を結成しました。

また、18年12月に全国大学生協連は、これまでの勉学援助制度の取り組みの上に、多くの学生の学業継続を支援するために、一般財団法人全国大学生協連奨学財団（大学生協奨学財団）を設立しました。

全国大学生協連の会員生協は、19年度で生協数２１５組合、組合員１６１万人、総供給高１９１０億円となりました。

医療福祉生協——東日本大震災では複数の医療福祉生協が被災し、人員・物的・募金など、全国的な支援の輪が広がりました。

医療福祉生協連は13年に、医療福祉生協の理念「健康をつくる。平和をつくる。いのち輝く社会をつくる。」ならびに「医療福祉生協のいのちの章典」を策定し、医療福祉生協が大切にする価値と健康観、いのちとくらしを守り健康をはぐくむための権利と責任を明らかにしました。

翌14年の総会では、団塊の世代が75歳以上を迎える25年を見据え、切れ目のない「医療福祉生協の地域包括ケア」を実現するための事業と運動の姿を描いた「医療福祉生協の2020年ビジョン〜協同の力で、いのち輝く社会をつくる〜」を確定しました。19年には、2020年ビジョンの成果を振り返り、30年に向けたビジョン討議を開始しました。


労済生協――「全労済21世紀ビジョン」と「21世紀経営改革方針」の取り組みの成果と課題を踏まえ、09年度から5カ年の経営方針として「2009〜2013年度中期経営政策」を策定し、コンタクトセンター・共済金センターの2拠点化、住宅災害の支払業務の集中化・24時間・365日の事故受付、ウェブサイト上でのマイページサービスの開設など、組合員から信頼され、安心を提供できる組織であり続けるための取り組みを進めました。

東日本大震災発生後は、延べ3万5685人の職員を動員して調査活動を展開し、共済金などは約1287億円をお支払いしました。

14年には、4カ年の経営方針として「Zetwork-60」（2014〜2017年度中期経営政策）を策定し、より一層魅力ある「保障の生協」となるための取り組みを進めました。

17年には創立60周年を迎えるとともに、「New-Zetwork60」（2018〜2021年度中期経営政策）を策定しました。創立60周年を節目に、活動や本質を分かりやすく広く社会へ発信し、組合員や社会から親しまれ、愛される存在となるため、新ブランド「こくみん共済 coop」を定めました。

こくみん共済 coop は、すべての勤労者・生活者とその家族が助け合って、豊かなくらしを創造していくための「総合的な保障」を目指して、活動を続けるとともに、組合員の保障の最適化の実現に向けた生活保障設計運動を展開しています。

住宅生協――全住連は、19年に50周年を迎えました。最盛期には会員数は50を数えましたが、19年現在11会員となりました。今後の事業展開は、新築に加えて住宅リフォーム事業や仲介・中古住宅事業にも取り組み、組合員の住宅環境の改善を図るとともに、賃貸事業などでは、借り主が安心で安全に暮らせるようメンテナンスの充実を図っています。

8. 協同組合間協同の進展

国際協同組合年（ＩＹＣ）

国連は、２００９年に開催された総会で、12年を国際協同組合年（ＩＹＣ）とすることを宣言しました。ＩＹＣの活動は、「協同組合がよりよい社会を築きます」をスローガンに、協同組合の持つ社会的役割を重視し、協同組合の認知度の向上、協同組合の設立や発展の促進、そのための政策の実行を政府や関係機関に働き掛けることを目的として取り組まれました。

国際協同組合年（IYC）のロゴマーク

日本では、11年8月に生協や農協、漁協をはじめとして、信用金庫や中小企業団体など従来の枠を超えた幅広い協同組合の全国組織や協同組合に期待を寄せる個人・団体も加わって、「２０１２国際協同組合年全国実行委員会」（以下、実行委員会）が設立されました。同時に、各都道府県でも実行委員会が結成され、協同組合間協同や地域貢献に向けた活動が行われました。ＩＣＡの掲げる目標「世界的に協同組合の事業モデルのビジビリティ（視認性・認知度）の向上を図る」を踏まえ、『協同組合憲章草案』を決定し、政府に働き掛けを行いました。また、12年には、神戸でＩＣＡのアジア・太平洋地域総会が開催されました。

実行委員会はＩＹＣの終了をもって解散しましたが、日本生協連のほか、実行委員会に参加していた協同組合の全国組織は、この成果を引き継ぎ、活動をさらに発展させるため、13年5月に「国際協同組合年記念協同組合全国協議会」（ＩＹＣ記念全国協議会）を発足させ、取り組みを継続しました。

16年には、ドイツが申請した「協同組合において共通の利益を形にするという思想と実践」がユネスコの無形文化遺産に登録されました。

2018年に設立されたJCAのロゴマーク

日本協同組合連携機構（ＪＣＡ）の設立

これまで日本の協同組合間では、ＪＪＣ（日本協同組合連絡協議会）を通じた緩やかな連携が行われてきましたが、ＩＹＣなどを契機に、協同組合間連携を強化する気運が高まり、２０１８年４月に、①協同

みやぎ生協と㈱Aコープ東北との共同運営店舗の2号店となるA&COOP角田店＝2018年10月、『生協の社会的取り組み報告書2019』から

組合の連携、②政策提言・広報、③教育・研究の三つを目的として、「一般社団法人日本協同組合連携機構」（ＪＣＡ）が設立されました。

ＪＣＡの発足を契機に、異なる協同組合同士の交流が進みました。また、都道府県レベルでも、フードバンクや子ども食堂の取り組みをはじめ、さまざまな分野で連携が進みました。

協同組合自らが地域で果たす役割を広げるために、各地域における共通する課題の解決に向けた協同組合間連携の事例の共有化が進み、活動内容の充実が図られました。また、宅配や店舗におけるＪＡと生協の共同事業など、事業における協同組合間の連携事例も生まれてきました。

終章　2030年を展望して

SUSTAINABLE DEVELOPMENT GOALS

SDGsのロゴ

1．コープＳＤＧｓ行動宣言

日本生協連は、２０１７年の通常総会で「日本の生協の２０３０年ビジョン」の検討に着手することを宣言し、理事会の専門委員会として「２０３０年ビジョン検討委員会」を設置しました。

この委員会は、最初に、15年の国連持続可能な開発サミットで採択された「持続可能な開発目標（ＳＤＧｓ）」に向けた世界的な気運の高まりの中で、生協のＳＤＧｓに向けた取り組みを検討。その検討結果を踏まえて、18年の日本生協連の通常総会では、全国の生協の総意として「コープＳＤＧｓ行動宣言」が採択され、ＳＤＧｓの実現に貢献することを約束しました。

コープＳＤＧｓ行動宣言

私たち生協は、ＳＤＧｓ（持続可能な開発目標）に貢献することを約束（コミット）します。

私たちは、「生協の21世紀理念（1997年総会決定）」のもと、助け合いの組織として、誰もが笑顔でくらすことができ、持続可能な社会の実現をめざし、様々な取り組みを進めてきました。

誰も取り残さないというSDGsのめざすものは、協同組合の理念と重なり合っています。私たちは、あらためて持続可能な社会の実現に向けて取り組むことを、「SDGs行動宣言」としてまとめました。

私たちは、以下の7つの取り組みをつうじて、世界の人々とともにSDGsを実現していきます。

○持続可能な生産と消費のために、商品とくらしのあり方を見直していきます

私たちは、「つくる責任」と「つかう責任」の好循環を発展させ、持続可能な社会づくりをめざします。国内外の人々、そして限りある地球資源へ思いをはせ、商品の開発と供給を進めます。学習活動を通じて、エシカル消費や持続可能な社会に関する理解を促進し、私たち自らの消費行動やくらしのあり方を見直していきます。

○地球温暖化対策を推進し、再生可能エネルギーを利用・普及します

私たちは、地球の持続可能性を揺るがす気候変動の脅威に対して、意欲的な温室効果ガス削減目標（２０３０年環境目標）を掲げ、省エネルギーと再生可能エネルギーの導入に積極的に取り組みます。再生可能エネルギーの電源開発や家庭用電気小売を広げ、原子力発電に頼らないエネルギー政策への転換をめざします。

○世界から飢餓や貧困をなくし、子どもたちを支援する活動を推進します

私たちは、誰一人取り残さない世界をめざして、世界が抱える問題についての理解を深め、助け合いの精神を貫き、ユニセフ募金などに取り組み、世界の子どもたちを支援します。「貧困」の連鎖をなくしていくために、子どもの貧困について学び、話し合う活動を広げ、子ども食堂やフードバンク、フードドライブなどの取り組みを進めます。

○核兵器廃絶と世界平和の実現をめざす活動を推進します

私たちは、「核なき世界」の実現のために、世界の人々と手を携えて、核兵器を廃絶し、平和な社会をめざす取り組みを進めます。私たちは、次の世代に被爆・戦争体験を継承し、日本国憲法の基本原則である平和主義のもと世界平和の実現に積極的に貢献します。

○ジェンダー平等（男女平等）と多様な人々が共生できる社会づくりを推進します

私たちは、地域における活動を通じて、社会のジェンダー平等と多様な人々が共生できる社会の実現に貢献します。女性も男性も、誰もが元気に、生きがいを持って働き続けられる生協づくりを進めます。

○誰もが安心してくらし続けられる地域社会づくりに参加します

私たちは、誰一人取り残さず、安心してくらし続けられる地域社会づくりに参加します。自治体や諸団体との連携を大切にしつつ、地域の見守り、移動販売や配食事業など、生協の事業や活動のインフラを活用し、地域における役割発揮を進めます。

○健康づくりの取り組みを広げ、福祉事業・助け合い活動を進めます

私たちは、食生活、運動、社会参加の視点から健康づくりを進めます。安全・安心はもとより、より健康な食生活に向けた商品事業と組合員活動を推進します。生活習慣病や介護予防など「予防」を重視し、福祉事業や助け合い活動を広げ、自治体や諸団体と連携し、地域包括ケアシステムのネットワークに参画します。

＊「コープSDGs行動宣言」については、こちらからも検索できます。

【SDGs17の目標】

SUSTAINABLE DEVELOPMENT GOALS
1 貧困をなくそう
2 飢餓をゼロに
3 すべての人に健康と福祉を
4 質の高い教育をみんなに
5 ジェンダー平等を実現しよう
6 安全な水とトイレを世界中に
7 エネルギーをみんなにそしてクリーンに
8 働きがいも経済成長も
9 産業と技術革新の基盤をつくろう
10 人や国の不平等をなくそう
11 住み続けられるまちづくりを
12 つくる責任つかう責任
13 気候変動に具体的な対策を
14 海の豊かさを守ろう
15 陸の豊かさも守ろう
16 平和と公正をすべての人に
17 パートナーシップで目標を達成しよう

2. 日本の生協の2030年ビジョン

2030年ビジョン検討委員会では、引き続き、ビジョンの本格的検討に入り、18年9月に討議資料「日本の生協の2030年ビジョン～テーマと論点～」をまとめ、公開学習会、ワークショップなど多彩な取り組みを通じて、全国の生協に議論を呼び掛けました。

同検討委員会では、これらの取り組みを集約しながら、ビジョン案をまとめました。最終的には、20年6月の日本生協連の通常総会において、圧倒的多数の賛成で決定し、全国の生協は、共助と協同の社会づくりに向けて、新たな歩みを始めました。

日本の生協の2030年ビジョン

【ビジョン・メッセージ】 つながる力で未来をつくる ——CO・OP2030——

私たちは、2011年、日本の生協の2020年ビジョンで「人と人とがつながり、笑顔があふれ、信頼が広がる新しい社会の実現」をめざすことを確認しました。この10年間、組合員のふだんのくらしを支えるとともに、社会の直面する様々な問題に向き合い、協同の力で社会的な役割を果たしてきました。震災復興支援をはじめとした様々な取り組みにより、人と人との「つながり」や「たすけあい」が着実に日本社会に根づき広がってきています。

いま、世界は気候変動の脅威にさらされており、自然災害が増加しています。また、2020年初頭からの新型コロナウイルス感染症の世界的流行は、私たちに克服すべき新たな難問を突き付けています。そんな中にあって世界では、絶えない紛争、格差の拡大、飢餓や貧困などの問題を抱え、お互いを尊重し合う社会から遠ざかっているとも危惧されています。日本においても格差と貧困、とりわけ子どもの貧困が大きな問題となっており、さらに、人口減少、高齢化、地域格差の広がりにより、生活インフラの維持が困難になる地域が増えています。

2015年、国連の場で持続可能な開発目標（SDGs）が採択されました。世界中の国々、企業や団体が共通の目標として掲げ、取り組みを強化しています。私たちも2018年、「コープSDGs行動宣言」でSDGsの実現に貢献することを約束し、「生協の21世紀理念」で掲げた持続可能な社会の実現に向けて取り組みをさらに加速しています。生協は、市民が参加する事業を通じてくらしの願いを実現し、社会的な問題解決のために活動し続けてきました。この協同の社会システムの広がりが、お互いに認め合い助け合う関係をつむぎ、笑顔あふれる社会を実現していく力となります。

『日本の生協の2030年ビジョン』冊子の表紙

組合員と生協で働く誰もが活き活きと輝く生協をつくりあげ、「生涯にわたる心ゆたかなくらし」、「安心してくらし続けられる地域社会」と、「誰一人取り残さない、持続可能な世界・日本」の実現をめざし、日本の生協の２０３０年ビジョンを掲げます。私たちは、それぞれの地域で世帯の過半数を超え、より多くの人々がつながる生協をつくりあげ、新たな挑戦の10年へと踏み出します。

① 生涯にわたる心ゆたかなくらし

私たちは、食を中心に、一人ひとりのくらしへの役立ちを高め、誰もが生涯を通じて利用できる事業をつくりあげます

・作り手の想いをつなぎ、安心と信頼の食生活を支えます。くらしを見つめ商品をみがき、持続可能な生産と消費の実現をめざします。
・「食の安全・安心」について社会をリードするとともに、「食と健康」の取り組みを深めます。
・家族のあり方や働き方など、変化への対応を進め、あらゆる世代や世帯が利用できる事業を確立します。
・若い世代のくらしに向き合い、生協との様々な接点をつくり、利用と参加を広げます。
・人生一〇〇年時代を見据え、事業を効果的に組み合わせ、生涯のライフステージを通じて、切れ目やすき間なく、くらしを支えます。
・一人ひとりのくらしに寄り添い、社会の変化に対応します。技術の進化も果断に取り入れながら、事業革新を図り、新たな事業にチャレンジします。

② 安心してくらし続けられる地域社会

私たちは、生活インフラのひとつとして、地域になくてはならない存在となり、地域のネットワークの一翼を担います

・地域の多様な人々、諸団体・協同組合や行政とともに、地域社会づくりを進め、地域の課題解決に取り組みます。
・誰もが気軽に立ち寄れて、出会い、つながれる居場所や拠点をつくり、地域の中で助け合い・困りごとを解決する場を広げます。
・障がい者や高齢者など、社会的に弱い立場に置かれた人たちを地域全体で支え、福祉の担い手として役割を発揮します。
・地域の人が関わり見守りながら子育てできる環境をつくり、すべての子どもが夢を持って笑顔でくらせる社会づくりを進めます。
・人々がつながる場づくりを広げ、災害時にも助け合い支え合える地域社会をつくります。生活インフラのひとつとして、地域の人々のくらしを支え続けます。

③　誰一人取り残さない、持続可能な世界・日本

私たちは、世界の人々とともに、持続可能で、お互いを認め合う共生社会を実現していきます

・被爆・戦争体験と平和への想いを次世代に継承し、世界の人々への発信と対話を広げ、核兵器廃絶と世界平和の実現をめざします。
・地域での活動を積み重ね、政策を提言し、世界の人々とともに、格差や貧困・飢餓のない社会の実現に貢献します。
・ジェンダー平等（男女平等）や多様な人々の共生など、互いに認め合いながら一人ひとりが大切にされる社会をつくります。
・脱炭素社会・循環型社会・自然共生社会の実現に向けて、くらしのあり方を見直し、事業を変革します。

④　組合員と生協で働く誰もが活き活きと輝く生協

私たちは、未来へと続く健全な経営と、一人ひとりの組合員と生協で働く誰もが活き活きと輝く生協を実現します

・組合員の参加を通じて、働く仲間とともに協同の関係を深め、事業と活動を豊かにします。
・組合員一人ひとりの関心に基づき、学びや成長の経験を深め、くらしや地域を豊かにする活動を広げます。
・生協の運営により多くの組合員が関わりを持ち、参加できる運営のあり方をつくりあげます。
・多様な人たちが互いを認め合い、その人らしく働ける職場環境と組織風土をつくります。
・生協で働く仲間が生協の価値に確信と誇りを持ち、やりがいと希望を持って働き続けられる生協を実現します。
・常に新たな挑戦を追求するとともに、持続性ある事業・活動と健全な経営を継続し、未来へと展望を拓きます。

⑤ より多くの人々がつながる生協

私たちは、より多くの人々がつながる生協をつくりあげ、連帯と活動の基盤を強化します

・全国の組合員や生協で働く仲間どうしがつながりを深めながら、連帯と協同をさらに発展させます。

・多様な個人や組織とつながる生協をつくりあげ、人と人とのつながりから生まれる力を活かし広げます。

・生協の理念や取り組みの発信など、社会とのコミュニケーションを深め、生協への理解と共感を広げます。

・生協に関わる法制度の見直しを含め、期待される役割を発揮できるための社会的基盤を強化します。

＊「日本の生協の2030年ビジョン」については、こちらからも検索できます。

巻末資料

●略年表

●各種データ（経年推移グラフ）

①全国の生協の組合員数と地域生協の世帯加入率／②全国の生協の組合員出資金額／③全国の生協の総事業高／④地域生協の宅配・店舗事業の供給高／⑤地域生協の宅配事業（班配と個配）の供給高／⑥CO・OP共済の加入者数と受入共済掛金

①～⑤⇩日本生協連『生協の経営統計』を基に作成

⑥⇩コープ共済連『CO・OP共済 30周年誌 資料編』『CO・OP共済事業のご報告 ANNUAL REPORT 2021』を基に作成

明治期～１９４９年

年代の特徴（社会）

●明治開明期に知識人層による生協の誕生
●大正デモクラシーの中で生協が広がる
●太平洋戦争遂行による生協への壊滅的打撃
●戦後復興期に生協の再建、新設相次ぐ

１８６８年　明治維新
１８９４年　日清戦争開戦
１９０４年　日露戦争開戦
１９１２年　明治45年／大正元年
１９１４年　第一次世界大戦勃発
１９１８年　米騒動
１９２３年　関東大震災
１９２６年　大正15年／昭和元年
１９２９年　世界恐慌
１９３１年　満州事変勃発
１９３９年　第二次世界大戦勃発
１９４５年　終戦
１９４６年　日本国憲法公布

生協やＣＯ・ＯＰ商品をめぐる動き

１８７９年～８０年　東京「共立商社」「同益社」、「大阪共立商店」、「神戸商議社」設立
１８９８年～　「共働店」が東京・横浜・仙台・札幌などに設立
１９００年　産業組合法制定
１９１９年　東京に「家庭購買組合」が設立
１９２０年　東京に「共働社」、大阪に「共益社」、熊本に「日本窒素肥料㈱消費組合」（翌年に水光社）が設立
１９２１年　神戸に「神戸購買組合」（後に神戸消費組合に改称）と「灘購買組合」が設立
１９２４年　神戸消費組合に「家庭会」創立
１９３６年　「日本消費組合婦人協議会」結成
１９４５年　日本生協連の前身、日本協同組合同盟（日協同盟）設立
１９４７年　生協数が全国６５００組合、組合員数３００万人に
１９４８年　消費生活協同組合法（生協法）成立・施行

1950年代

年代の特徴（社会）	生協やCO・OP商品をめぐる動き
●戦後復興から高度経済成長期へ ●メーカーの流通支配・管理価格強化の動き ●労働組合や消費者団体などが物価値上げ反対運動に取り組む 1950年　朝鮮戦争勃発 1951年　サンフランシスコ平和条約（占領終了）、日米安保条約調印 1953年　反生協運動広がる（鳥取県から） 1954年　ビキニ水爆実験・第五福竜丸事件 1956年　日ソ共同宣言調印 全国消費者団体連絡会結成 1959年　小売商業調整特別法（商調法）による生協規制の動きが強まる	1951年　日本生活協同組合連合会（日本生協連）設立（日協同盟は解散） 1951年頃～　灘、神戸、福島、鳥取東部、鳥取西部などで家庭会活動が活発化 1952年　日本生協連が国際協同組合同盟（ICA）に加盟 1956年　日本協同組合貿易㈱設立、鶴岡生協に家庭班誕生 1957年　日本生協連婦人部結成（～1977年） 1958年　全日本事業生活協同組合連合会設立 1959年　日本生協連、商調法反対で国会前に座り込み

1960年代

年代の特徴（社会）	生協やCO・OP商品をめぐる動き
●高度経済成長期（1955年～73年） ●消費革命、流通革命（スーパーマーケットチェーン展開） ●物価上昇、公害、大気・水質汚染、泡公害問題 ●消費者運動などの社会運動の広がり 1960年　日米安保条約改定、「所得倍増計画」発表 1961年　多摩川で合成洗剤汚染社会問題化 1962年　東京で大気汚染、騒音公害問題化 1964年　東海道新幹線開通、東京オリンピック 第1回全国消費者大会 1966年　公正取引委員会がテレビ価格協定廃棄勧告 1968年　消費者保護基本法施行 1969年　厚生省が人工甘味料チクロを使用禁止	1960年　全国CO・OP商品の開発始まる（第1号CO-OP生協バター発売） 1964年～　大学生協による地域生協の設立・再建支援の取り組み↓全国各地に〝市民生協〟誕生 1965年　日本生協連と事業連が合併 1966年　衣料用洗剤CO-OPソフト発売（生協の環境問題対応の先駆け、組合員参加開発第1号） 1967年～　メーカーの値上げに対抗してコープ牛乳や醤油が全国各地で開発される 1968年～　共同購入方式（予約制で定期的に班別供給）が始まる【静岡生協、千里山生協、生活クラブ】 1969年　衣料用洗剤CO-OPセフター発売（高級アルコール系洗剤、組合員に商品名を公募）

1970年代

年代の特徴（社会）

●食品添加物・PCB等の食の安全問題
●石油危機によるモノ不足、物価高騰

1970年　日本万国博覧会
1971年　環境庁設置
1972年　札幌オリンピック、沖縄復帰、日中国交正常化
1973年　大規模小売店舗法（大店法）公布、第一次石油危機
1974年　公正取引委員会、石油連盟と元売り各社を独占禁止法違反で告発
灯油裁判始まる
1976年　生協規制の動き（中小企業分野法制定運動、生協の出店・員外利用を問題化）
1977年　原水爆禁止世界大会統一開催
1978年　第1回国連軍縮特別総会（SSDI）
1979年　イラン革命、第二次石油危機
米国スリーマイル島原発事故

生協やCO・OP商品をめぐる動き

1970年　チクロ問題をきっかけにCO-OP商品総点検→不必要な食品添加物を排除した商品開発
1970年　日本生協連第20回通常総会で「福島総会結語」を採択→「組合員が主人公」という考えが定着していく
1970年～　商品をめぐる全国の生協の組合員の活動の活発化
1971年　CO-OPカラーテレビ20サンセブン発売
1972年　日本生協連に「商品試験室」開設→「商品検査センター」開設（1976年）へ
1973年　生協および日本生協連のシンボル・アイドルマーク決定
1976年　灘神戸生協がPOSシステムを実験導入
1978年　㈱コープクリーン設立
1978年～　共同購入「週1回定曜日配達」定着、生鮮品取り扱いの増大→地域生協の急速な進展
1979年　CO-OP共済始まる（1984年より元受共済であるCO・OP《たすけあい》を開始）、CO-OPイタリアスパゲティ発売（イタリア生協連と連携）

1980年代

年代の特徴（社会）	生協やCO・OP商品をめぐる動き
●貿易摩擦、輸入食品の急増、残留農薬、ポストハーベスト問題 ●食品添加物の国際平準化・規制緩和が進む ●バブル景気（1980年代後半～） 1981年　生協の出店・店舗運営などへの規制を求める動きが強まる 1984年　大店法による生協規制の動きが重大化 1986年　チェルノブイリ原発事故 厚生省「生協のあり方に関する懇談会」報告 1987年　国鉄分割民営化 1989年　昭和64年／平成元年 消費税導入（3％）、天安門事件、ベルリンの壁崩壊	1980年　かながわ生協で1979年に導入されたOCRシステムが、都民生協など数生協に広がる 1981年　日本生協連CIマーク導入、CO・OPミックスキャロット発売 1982年　共同購入事業で班別集品仕分け導入【かながわ・都民・さいたま】 日本生協連「生協の商品力強化とCO・OP商品政策」決定、商品検査センターにテストキッチン設置 1984年～　共同購入事業の生鮮品・冷蔵冷凍食品の流通システムの改善進む 1984年　『食品表示の手引』『食品添加物の手引』発行（食品表示基準、自主的な使用基準策定） 1985年　「第1回全国産直研究会」、組合員1000万人突破 1986年　地域生協で初の事業連合「北関東協同センター」設立 1988年　日本生協連、組合員のお申し出情報の集積管理開始　共同購入事業の個人別集品仕分け導入【九州6生協】

1990年代

年代の特徴（社会）	生協やCO・OP商品をめぐる動き
●バブル経済崩壊、平成不況 ●グローバルスタンダード化、規制緩和 ●消費者の価値観の多様化・消費行動の変化 ●O-157、ダイオキシン、環境ホルモン、遺伝子組換え食品 1991年 湾岸戦争勃発 1993年 欧州連合（EU）発足 1994年 製造物責任（PL）法制定 被爆者援護法制定 1995年 阪神・淡路大震災 地下鉄サリン事件 1996年 O-157による集団食中毒が多発 原爆ドームが世界遺産に登録 1997年 消費税5％へ　アジア通貨危機 1998年 長野オリンピック 被災者生活再建支援法制定 1999年 EUで単一通貨ユーロ導入	1990年 個配開始【首都圏コープ事業連合・ユーコープ事業連合】 ↓90年代後半から急速成長 COMO・Japan（日本生協店舗近代化機構）設立 1992年 ICA東京大会開催（「協同組合の基本的価値」、「環境と持続可能な開発」を論議） 1995年 阪神・淡路大震災 被災地復興支援の取り組み ICA創立100周年記念大会開催（協同組合の定義・価値・原則を論議） 1997年 「全国組合員商品委員会」設置 1998年 「食品の安全にかかわる生協の基本政策」策定（商品事業へのリスクアセスメントの考え方の採用） 全国の組合員数　2000万人突破 1999年 食品衛生法抜本改正運動→法改正実現（2003年） 『食品添加物の手引』改定

2000年代

年代の特徴（社会）	生協やCO・OP商品をめぐる動き
●食品の安全の社会システムづくり ●世界金融危機（リーマンショック）→世界同時不況へ 2000年　消費者契約法成立 2001年　米国同時多発テロ 2003年　イラク戦争勃発 個人情報保護法成立、食品安全基本法成立、食品衛生法抜本改正 2004年　消費者基本法成立、消費者機構日本（COJ）設立 2005年　消費者支援機構関西（KC's）設立、京都議定書発効 2007年　郵政民営化 2008年　リーマンショック→世界金融危機 2009年　賀川豊彦献身100年記念事業 消費者庁・消費者委員会設置	2000年　インターネット注文システム「eフレンズ」開始【みやぎ生協】 2001年　日本生協連創立50周年、「たべる、たいせつ」キャンペーン、『現代日本生協運動史』編纂・発行 2004年　日本生協連、クオリティコープ商品発売 2005年　「日本の生協の2010年ビジョン」決定 2006年　個配供給高が班配供給高を上回る 2007年　生協法の抜本改正（2008年施行） 「eフレンズ」が日本生協連に事業譲渡され、共同利用進む→インターネット全国共通基盤づくりへ 2008年　「CO・OP牛肉コロッケ」原料牛肉偽装事件 「CO・OP手作り餃子」中毒事件、「コープ商品の品質保証体系の再構築計画」決定 日本コープ共済生活協同組合連合会（コープ共済連）設立

2010年代・2020年

年代の特徴（社会）

●経済格差拡大

●「超高齢」「人口減少」社会

2011年	東日本大震災、福島第一原子力発電所事故
2012年	国際協同組合年（IYC）
2014年	消費税率が8％へ
2016年	「協同組合において共通の利益を形にするという思想と実践」がユネスコの無形文化遺産に登録
2018年	日本協同組合連携機構（JCA）設立
2019年	平成31年／令和元年 消費税率が10％へ（同時に軽減税率の導入）
2020年～	新型コロナウイルス感染症（COVID-19）の世界的大流行

生協やCO・OP商品をめぐる動き

2010年	日本生協連コープ商品に関する品質基準（商品基準・表示基準）改定 日本医療福祉生活協同組合連合会（医療福祉生協連）設立
2011年	東日本大震災の被災地復興支援の取り組み 「日本の生協の2020年ビジョン」決定
2012年	政策提言「エネルギー政策の転換をめざして」を公表
2013年	CO・OPの冷凍食品への農薬混入事件→「商品事故クライシス連携マニュアル」策定
2014年	「ラブコープ・キャンペーン」（CO・OP商品への信頼と愛着を広げる）（～2015年）
2015年	CO・OP商品ブランドを刷新
2018年	「コープSDGs行動宣言」決定
2020年	CO・OP商品60周年 「日本の生協の2030年ビジョン」決定

①全国の生協の組合員数と地域生協の世帯加入率

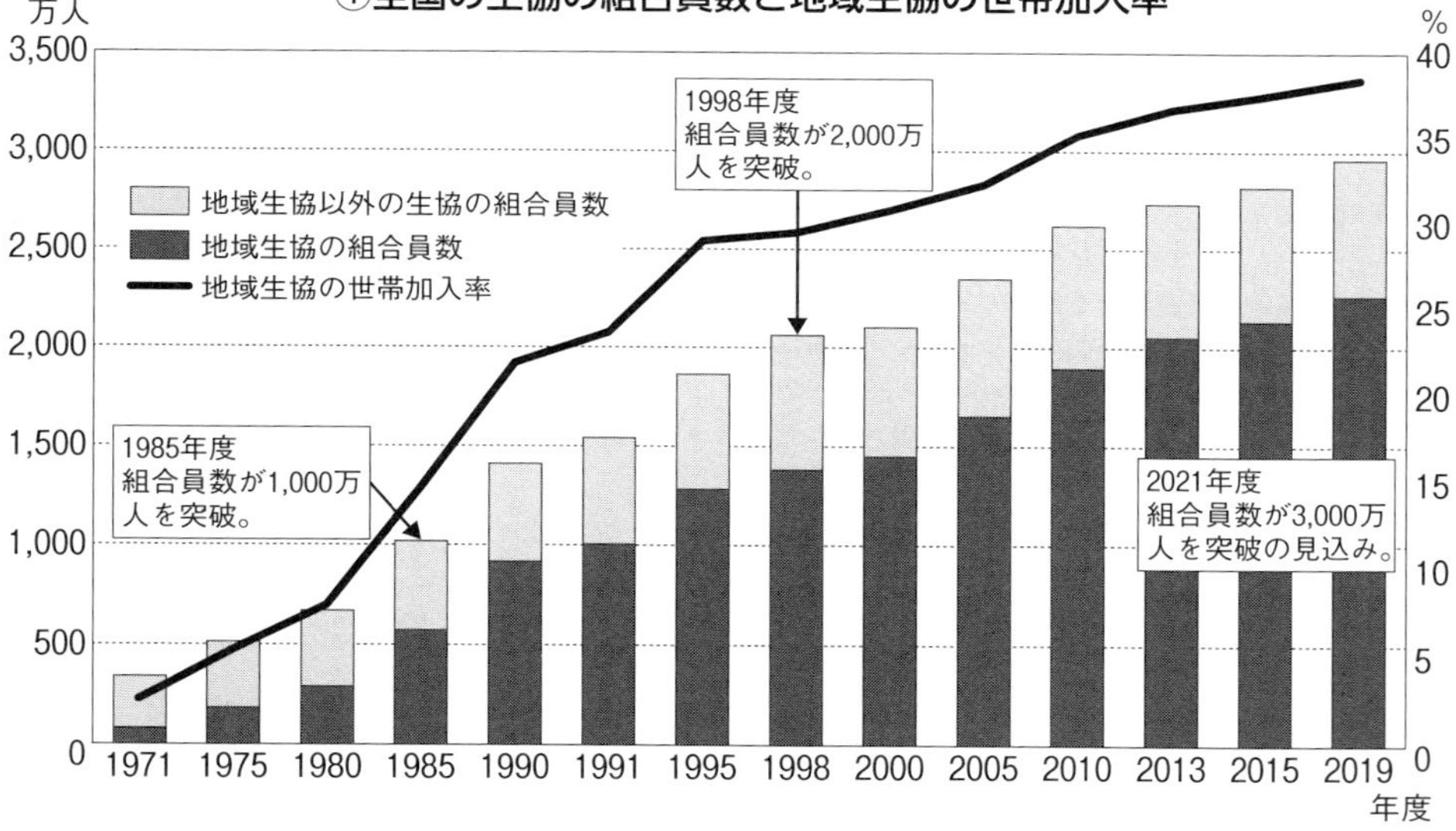

万人
3,500
3,000
2,500
2,000
1,500
1,000
500
0
%
40
35
30
25
20
15
10
5
0
地域生協以外の生協の組合員数
地域生協の組合員数
地域生協の世帯加入率
1985年度
組合員数が1,000万
人を突破。
1998年度
組合員数が2,000万
人を突破。
2021年度
組合員数が3,000万
人を突破の見込み。
1971
1975
1980
1985
1990
1991
1995
1998
2000
2005
2010
2013
2015
2019
年度

②全国の生協の組合員出資金額

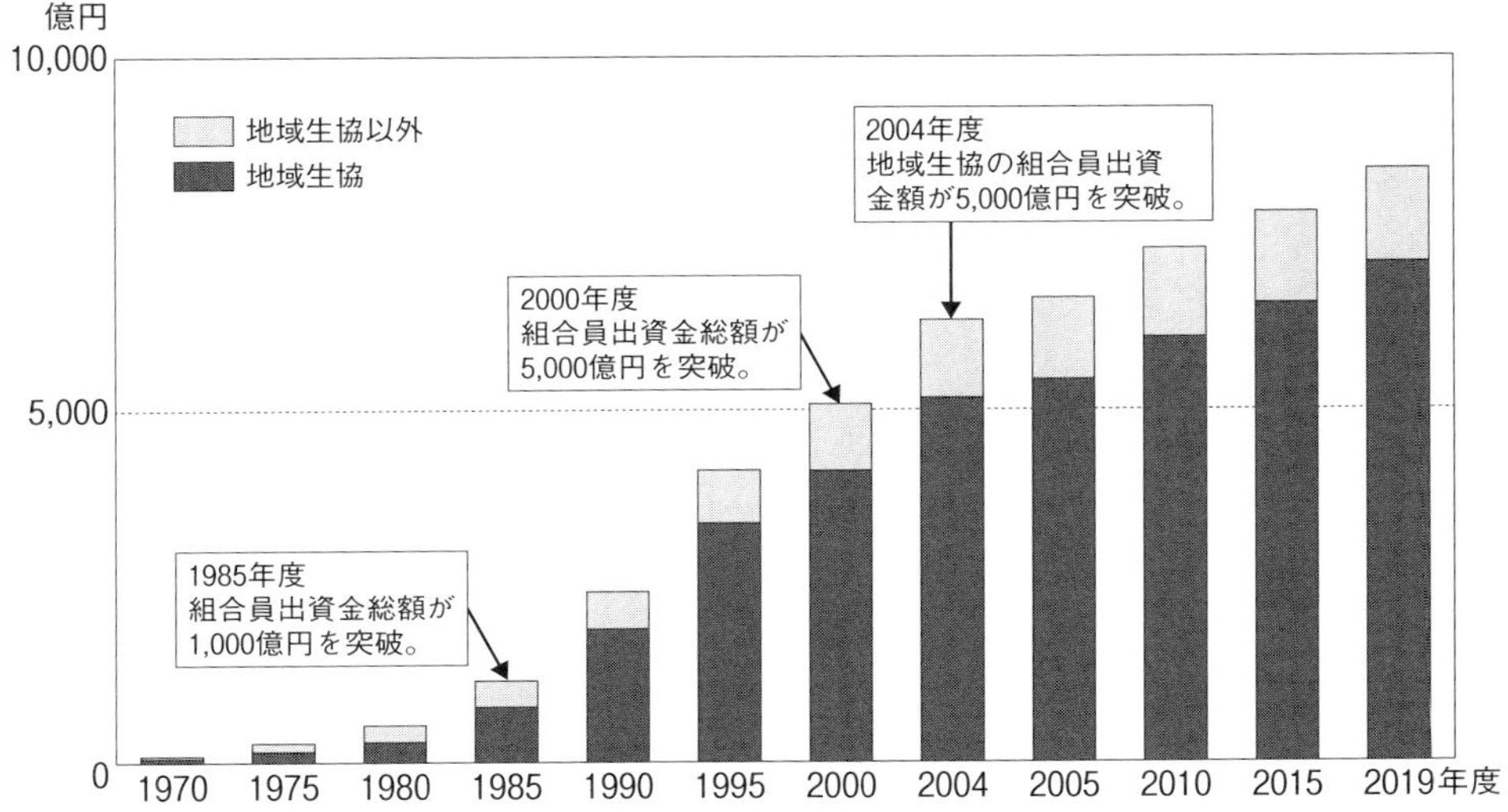
億円
10,000
5,000
0
地域生協以外
地域生協
1985年度
組合員出資金総額が
1,000億円を突破。
2000年度
組合員出資金総額が
5,000億円を突破。
2004年度
地域生協の組合員出資
金額が5,000億円を突破。
1970
1975
1980
1985
1990
1995
2000
2004
2005
2010
2015
2019年度

③全国の生協の総事業高

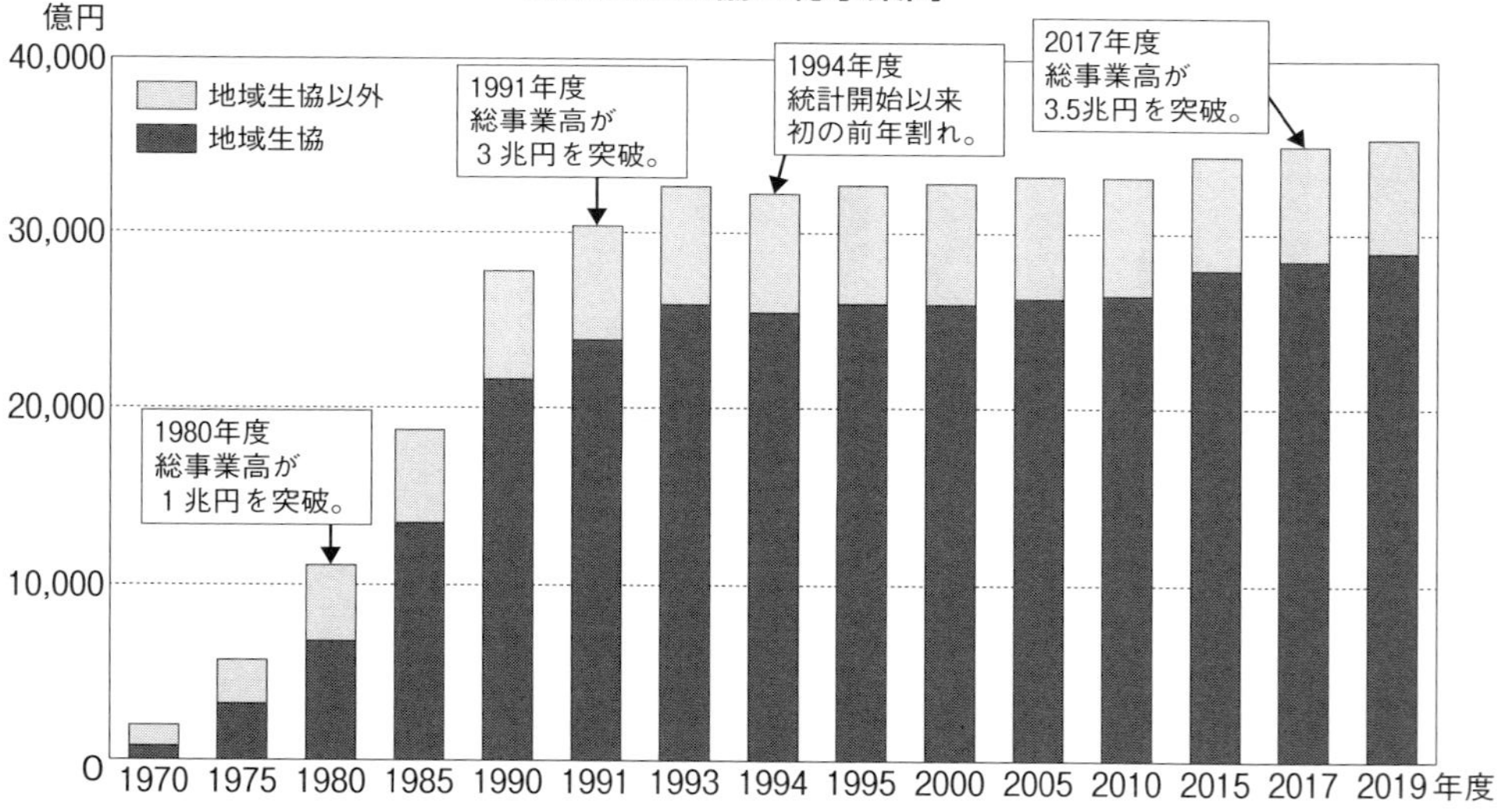
億円
40,000
30,000
20,000
10,000
0
地域生協以外
地域生協
1980年度
総事業高が
1兆円を突破。
1991年度
総事業高が
3兆円を突破。
1994年度
統計開始以来
初の前年割れ。
2017年度
総事業高が
3.5兆円を突破。
1970 1975 1980 1985 1990 1991 1993 1994 1995 2000 2005 2010 2015 2017 2019 年度

④地域生協の宅配・店舗事業の供給高

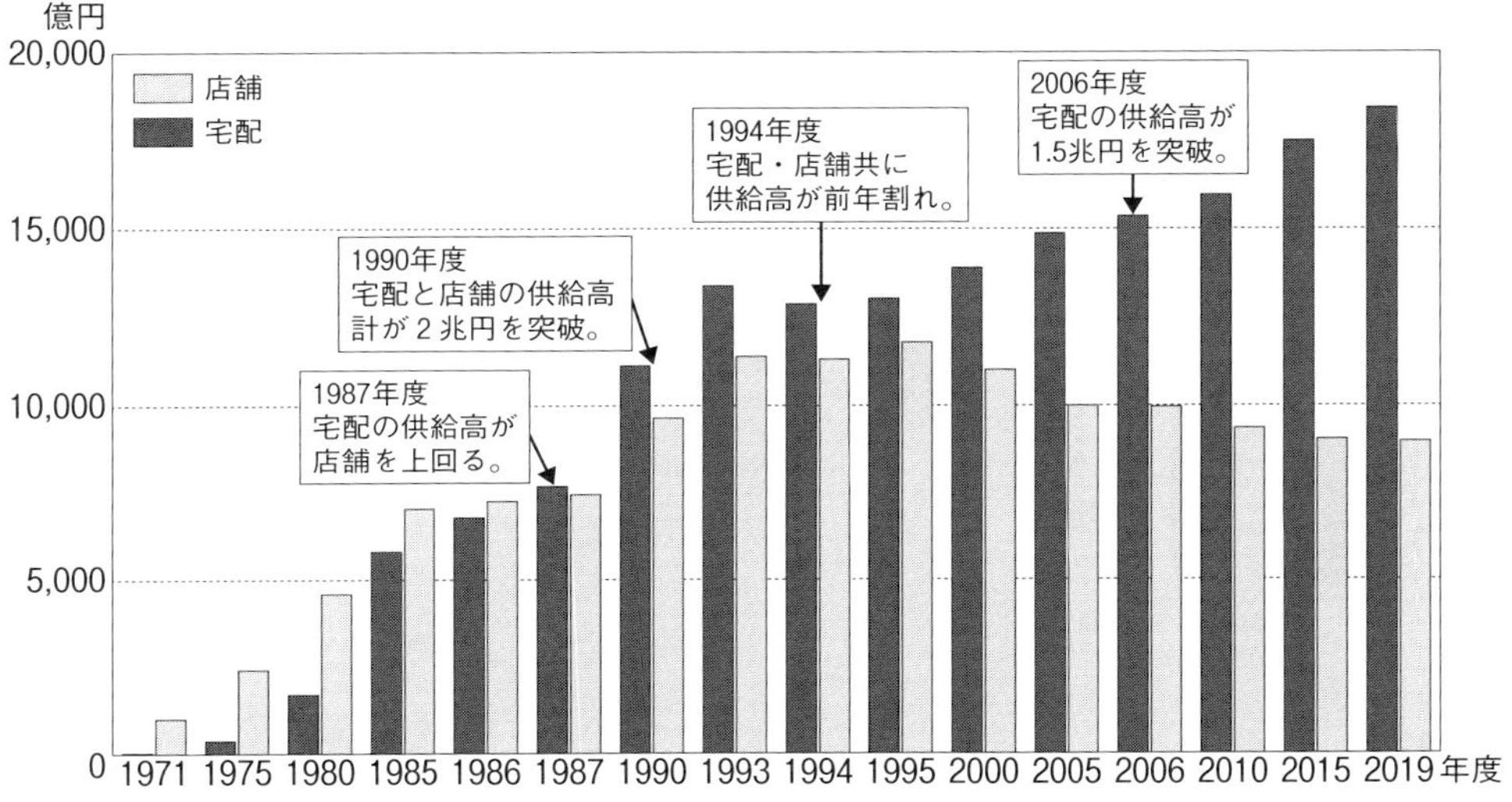
億円
20,000
15,000
10,000
5,000
0
店舗
宅配
1987年度
宅配の供給高が
店舗を上回る。
1990年度
宅配と店舗の供給高
計が２兆円を突破。
1994年度
宅配・店舗共に
供給高が前年割れ。
2006年度
宅配の供給高が
1.5兆円を突破。
1971 1975 1980 1985 1986 1987 1990 1993 1994 1995 2000 2005 2006 2010 2015 2019 年度

⑤地域生協の宅配事業（班配と個配）の供給高

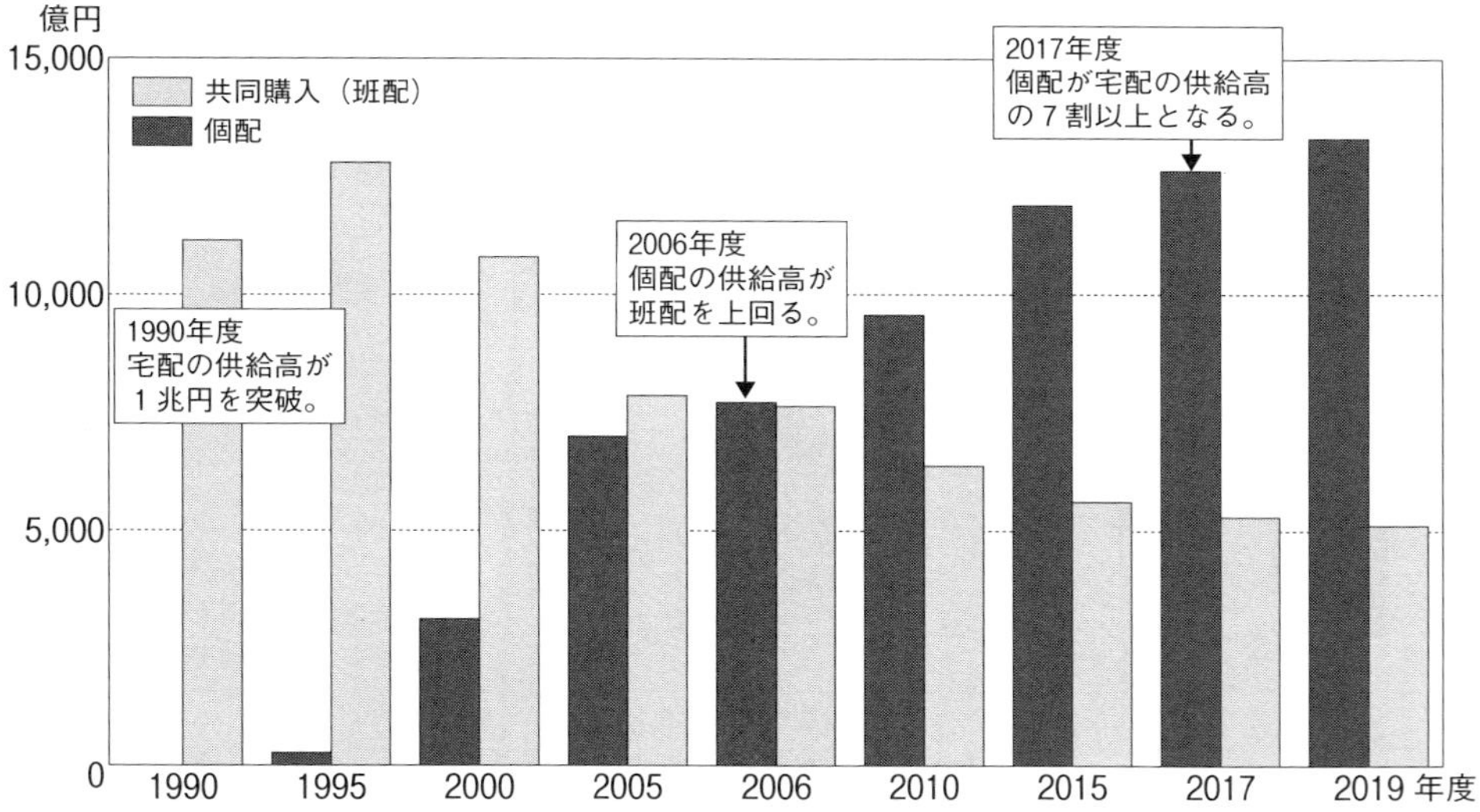

⑥CO・OP共済の加入者数と受入共済掛金

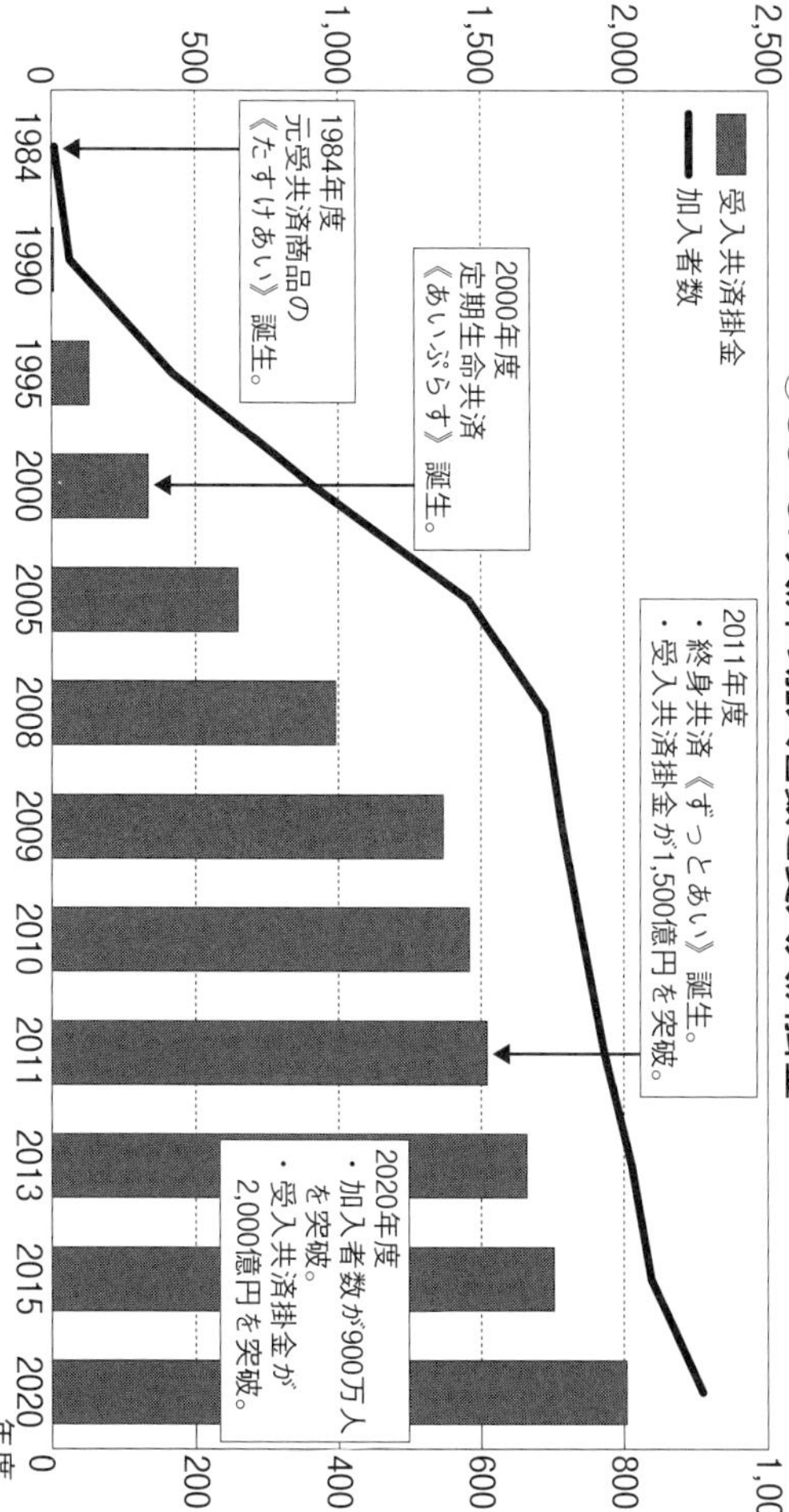

※受入共済掛金は、日本生協連およびコープ共済連元受分。
※加入者数は、受託共済を含めたCO・OP共済合計。

〈監修者紹介〉

斎藤 嘉璋（さいとう・よしあき）

1936年、新潟県佐渡生まれ。早稲田大学の学生時代から生協に関わり、60年日本生協連入協。69年以降、早大生協、戸山ハイツ生協、東京都民生協、東京都生協連の役員。89年～99年、日本生協連常務理事。99年～2003年、同常勤参与・50周年記念歴史編纂室長として『現代日本生協運動史』、同『資料集』の編纂・執筆に携わる。03年以降、いばらきコープ、コープとうきょう、東都生協の非常勤役員などを務めた。

日本の生協運動の歩み

（〈再改訂版〉現代日本生協運動小史）

[発 行 日]

2003年10月30日 『現代日本生協運動小史』 1刷

2007年6月25日 『〈改訂新版〉現代日本生協運動小史』 1刷

2011年5月1日 〃 2刷

2021年10月1日 〈再改訂版〉初版1刷

2022年3月1日 〃 初版2刷

[監 修] 斎藤嘉璋

[発 行 者] 二村睦子

[発 行 元] 日本生活協同組合連合会

〒151-8913 東京都渋谷区渋谷3-29-8 コーププラザ

TEL. 03-5778-8183

[装丁・制作] 株式会社 晃陽社 [印 刷] 日経印刷株式会社

Printed in Japan

ISBN978-4-87332-344-2

落丁本・乱丁本はお取り替えいたします。